SYAINIKA SASTRA

SYAINIKA SASTRA:

OR

A BOOK ON HAWKING

BY

RAJA RUDRADEVA OF KUMAON.

EDITED WITH AN ENGLISH TRANSLATION
BY

MAHAMAHOPADHYAYA HARAPRASADA SHASTRI,

M.A., F.A.S.B.

GYAN

Published by

Gyan Publishing House
5, Ansari Road
Daryaganj, New Delhi-110002
Phone: 011-47034999, 9811692060
E-mail: books@gyanbooks.com

Distribution Network
gyanbooks.com
India, USA, Canada, UK, Australia

ISBN: 978-93-6280-160-9 (HB)
First Published, 1910

2nd Impression 2024

Printed at: Gyan Press, Delhi.

SYAINIKA SASTRA
Author: RAJA RUDRADEVA OF KUMAON, EDITED WITH AN ENGLISH TRANSLATION BY HARAPRASADA SHASTRI

ŚYAINIKA ŚĀSTRA:

OR

A BOOK ON HAWKING

BY

RĀJĀ RUDRADEVA OF KUMAON.

EDITED WITH AN ENGLISH TRANSLATION

BY

MAHĀMAHOPĀDHYĀYA HARAPRASĀDA SHASTRI,
M.A., F.A.S.B.

Vice-President, Asiatic Society of Bengal.
Honorary Fellow of the Calcutta University.

CALCUTTA:

PRINTED AT THE BAPTIST MISSION PRESS,
AND PUBLISHED BY THE
ASIATIC SOCIETY, 1, PARK STREET.
1910.

PREFACE.

Literature is generally an index of the life of a nation. Every important act of a national life is faithfully represented in literature. Ancient Indians were very fond of manly sports; and Sanskrit literature is full of the stories of Mṛgayā. It is no wonder, therefore, that hawking should have engaged the attention of Indian writers The work now presented with an English translation to the public, is a book on hawking in Sanskrit by Rudradeva (or Candradeva or Rudracandra Deva as the MS. C calls him), a Rājā of Kūrmācala or Kumaon. The Royal author is systematic in his treatment of the subject. Nowhere does he indulge in theories. His book is thoroughly practical.

The first chapter is devoted to the defence of what Paṇḍitas would call " vices "; and the defence is eminently practical. These should be indulged in for the enjoyment of life. But none should be wholly given up to them. In the second chapter these "vices" are enumerated and defined. The last of the vices is मृगया or hunting. In the third chapter various kinds of hunting are enumerated and defined, the last of which is श्येनपाता or hawking. In the fourth chapter various kinds of hawks are enumerated and described. Their training and their capacity for hunting birds and beasts are also described there in great detail. The fifth chapter is devoted to the kind and quantity of their food, their tending in different seasons, and the treatment of their diseases. In the sixth, various methods of sport with these birds are described; and, in accordance with the time-honoured custom of Indian Panditas, the enjoyment of the eight different Rasas or emotions can be derived from the sport of hawking. In the seventh are the after-enjoyments of the sport. The Royal poet is methodical, and he rarely uses a word that is not necessary.

It is difficult to find when Rudradeva flourished. The same Rudradeva of Kumāon has a Smṛti compilation, written in the same style and in the same methodical way. In the *Śyainika Śāstra* he uses many words that are of Turkish or Persian origin. That is no proof of date. For it is known for certain that Indians had connections with Turks from very remote antiquity. In a work written by the Kashmirian poet Dāmodara, the Turkish leather-shoes are described as much in vogue at Benares in the ninth century. In the inscriptions of Govindacandra of Kanauj, the trade in Turkish articles is discouraged by imposing a high tariff on them. The Turks came in and settled in India by hundreds after the eruption of Jengis Khan into their country in the thirteenth century. So the use of Turkish words is no criterion to fix the date. The absence of any mention of guns and gunpowder shows that the book was written when gunpowder was not known in India, that is, at least three hundred years ago. The fact that this Rājā wrote a *Nibandha* shows that he did not belong to the Hindu but to the Mahommedan period of the Indian History. For the *Nibandhas* began to be written only after the Mahommedans had set their foot in India. Nor could he have written the book in the first century of the Mahommedan conquest. For, we know from the Gayā and Buddha Gayā inscriptions that the kings of Kumāon of that century were Buddhists. The composition of the book, therefore, would range from between the thirteenth to the sixteenth century of the Christian era. This period may be still more contracted by the fact that Rudradeva in his Smṛti work, entitled त्रैवर्णिकधर्मनिर्णय, quotes from Kullūka Bhaṭṭa who flourished about the middle of the fifteenth century. Rudradeva, therefore, must come after him.

I have gratefully to acknowledge the assistance and encouragement which I have always received from Lieutenant-Colonel D. C. Phillott. A good falconer himself, he has written many treatises on hawking, and without his help I could not have translated the book in the technical style in which it now appears.

In the preparation of this edition three MSS. have been used. The first is a MS. acquired for the Asiatic Society of Bengal, but not yet registered. The first and the last leaf of this are missing. This has been called A. It has a peculiar way of correcting mistakes. They are corrected in the next line to that in which they occur, just below where the mistakes are. They are separated from the second line by a rude sort of bracket. This MS. is generally correct. The second MS. B has not yet been permanently acquired. It has the beginning and the end, but some leaves are missing in the middle. The paper is very thin and the writing bad. But it is generally correct. The third MS. called C is No. 8245 of the Government collection. It has the first leaf restored, and it ends abruptly in the middle of the sixth chapter. A commentary has also been acquired, No. 8244 of the Society's collection. It is called **श्यैनिकशास्त्रवृत्तिः**. It is written in the same hand as B. It is very nearly complete. It deals more with rhetorical discussion than with the technical terms of hawking. Some use has been made of the commentary in the translation.

CALCUTTA, HARAPRASĀD SHĀSTRI.
October 7, 1910.

ERRATA.

Page.	Line.	Incorrect.	Correct.
१	२	तत्	तद्
५	४	०पैशून्ये	०पैशुन्ये
५	६	कामजः	कामजाः
६	१३	बर्द्धते	वर्द्धते
७	३	पानात् मत्त०	पानान्मत्त०
८	७	योजयेत्	योजयेद्
९	१२	बध	वध
९	१३	मृगयां ऋषिः	मृगयामृषिः
९	१७	बधः	वधः
१०	१२	तथाकर्त्तव्यता	तथा कर्त्तव्यता
११	४	बधेन	वधेन
१२	७	प्रीतिं अश्रु०	प्रीतिमश्रु०
१२	१४	ग्रस्तः	ग्रस्ताः
१३	८	बालिबधे	बालिवधे
१३	१५	पृथक् लोकैः	पृथग् लोकैः
१३	१९	बध्यन्ते	वध्यन्ते
१४	१	बध्यन्ते	वध्यन्ते
१४	१	करबालाद्यैः	करवालाद्यैः
१४	९	बध्यन्ते	वध्यन्ते
१४	९	बध्याः	वध्याः
१४	११	अनेकबारात्	अनेकवारात्
१४	१६	बधाय	वधाय
१४	१७	बध्यन्ते	वध्यन्ते
१५	१	बध्यते	वध्यते
१५	११	रौद्रपर्य्यासैर्हन्ताकम्नि	रौद्रपर्य्यौत्ये हन्ता०
१७	७	यथाबलम्	यथावलम्

Page.	Line.	Incorrect.	Correct.
१७	१७	श्रावयेत्	श्रावयेद्व
१८	७	द्विश्रः त्रिश्रः	द्विश्रस्त्रिश्रः
१९	११	०बर्त्मनो०	०वर्त्मनो०
२५	९	प्रबर्त्तयेत्	प्रवर्त्तयेत्
२६	११	मामिषम्	चामिषम्
२७	६	०रुजार्त्तानां अन्धकारे	०रुजार्त्तानामन्धकारे
२८	९	०शाखिनां	०शाखिनाम्
२८	१३	चूर्णं अर्क०	चूर्णमर्क०
३२	१०	paragraph	no paragraph
३२	११	no paragraph	paragraph
३२	१७	no paragraph	paragraph
३२	१९	paragraph	no paragraph
३३	७	paragraph	no paragraph
३७	१६	घतस्तु	क्षुधितस्तु
३७	१७	याङ्गुली	जाङ्गुली
३८	५	ब्रूमः	ब्रूमः
३९	११	प्रोषिताः तामसा	प्रोषितास्तामसा
३९	१५	गात्रोत्साहः तुरगा०	गात्रोत्साहस्तुरगा०

श्यैनिकशास्त्रम्।

प्रथमः परिच्छेदः।

त्रैलोक्यश्रेयसे विष्णोर्यन्मित्रं साम्परायिकम्।
सापत्नमिन्द्रस्य च तत् वन्दे गारुत्मतं महः ॥१॥
कामशास्त्रानभिज्ञानां कामः किन्नु न गोचरः।
तथापि मुनिभिः शास्त्रं निर्मितं तत्त्वसंविदे ॥२॥
आपामरप्रसिद्धोऽपि तथैव मृगयारसः।
श्यैनिकस्य हृदये विशेषान्मुदमृच्छति[1] ॥३॥
इति सद्रसनिष्पत्त्यै श्यैनिकं सप्रयोजनम्।
विविच्यते मृगव्यायाः समासव्यासयोगतः ॥४॥
नृणां प्रागदृष्टभोगाप्त्यै विनोदा मनसो मुदे।
सृष्टा विश्वसृजा कार्त्स्न्यात् के ताम् गणितुमीशते ॥५॥
तेषु येऽष्टादश प्रोक्ता व्यसनानीति यान् विदुः।
तै र्विना नेन्द्रियफलं त एव रसभूमयः ॥६॥
सेव्यमानाः सुखायालं भवन्ति प्राणिनाञ्च ते।
यथाकालं यथापोषं विशेषेण महीभृताम् ॥७॥
व्यसनानीति सततं शास्त्रकारैर्विनिन्दिताः।
श्रूयन्ते चेतिहासाश्च तद्भ्रंशसूचकाः ॥८॥

---

१ B C मुदामृच्छताम्।

यदि सर्व्वात्मनाऽसेव्याः स्मरस्मेराक्षसेक्षणाः ।
पुन्नाम्नो नरकात्त्राता भवेत् क जनिरौरसी ॥९॥
निषिद्धैव मृगया चेत्तर्हि यागादिसाधनम् ।
क मांसाजिनशृङ्गादि लभ्यते विधिनोदितम् ॥१०॥
अजीर्णाद्यामयध्वंसो दिवास्वप्ननिषेवणात् ।
त्रिवर्गसाधनस्येह जायते वपुषस्तथा ॥११॥
तस्मात् सर्व्वात्मना त्याज्यः सङ्ग एवेति निश्चयः ।
बन्धः सङ्गेन भवतीत्येवं भागवतोक्तयः ॥१२॥
कर्म्ममात्रपरित्यागः स तु मोक्षाय केवलम् ।
जात्युक्तकर्म्माचरणं त्रिवर्गाय किलेष्यते ॥१३॥
स सन्न्यासस्तु सिध्येत मनोवाक्कायकर्म्मभिः ।
कृतेन तेन जायेत ब्रह्म वाचामगोचरम् ॥१४॥
यदि निःश्रेयसे सङ्गजिहासा कर्म्मणाम्भवेत् ।
जन्तोः सुकृतपुञ्जेन तदा सन्न्यासमाचरेत् ॥१५॥
क्षयहेतुश्च भोगोऽपि श्रूयते कर्म्मणां यथा ।
सिषेवे विषयान् ज्ञानी सौभरिर्बन्धमुक्तये ॥१६॥
तथाच गाथाः श्रूयन्ते पितृभिः समुदाहृताः ।
विरक्तस्य रुचेः सम्यक्श्रेयसे हृदयङ्गमाः ॥१७॥
"[१]पूर्व्वकर्म्म कृतं भोगैः क्षीयतेऽहर्निशं तथा ।
सुखदुःखैः स्वकैर्वत्स पुण्यापुण्यात्मकं नृणाम् ॥१८॥

---

१ C omits this verse.

चैणाधिकारो धर्म्मज्ञस्ततः शममवाप्स्यसि ।”
तथा भागवतं वाक्यं श्रूयते चार्ज्जुनं प्रति ॥ १९ ॥
“कुरु कर्म्मैव तस्मात्त्वं कर्म्म ज्यायो ह्यकर्म्मणः ।
शरीरयात्रापि च ते न प्रसिध्येदकर्म्मणः” ॥ २० ॥
शास्त्रान्तरेऽपि भूयस्यः श्रूयन्ते तत्त्ववादिनाम् ।
गृहाश्रमाचारवतां कर्म्मसम्प्रेरिका गिरः ॥ २१ ॥
न्यायागतधनस्तत्त्वज्ञाननिष्ठोऽतिथिप्रियः ।
श्राद्धकृत् सत्यवादी च गृहस्थोऽपि विमुच्यते ॥ २२ ॥
इत्यादिवेदवचनैः कर्म्मजाना[1]मपीष्यते ।
भोगः फलानां प्राप्तानां स तु सङ्गविवर्ज्जितः ॥ २३ ॥
श्रूयते जनको राजा प्रजापालनतत्परः ।
भुञ्जन् भोगान् मुक्तिपात्रमसक्तिस्तत्र कारणम् ॥ २४ ॥
अयमप्यपवर्गस्य मार्गः प्रकृतिसुन्दरः[2] ।
स्वजात्युक्ताभिचरणात् स्वर्गस्तु सुलभो नृणाम् ॥ २५ ॥
स्वर्ग्यं यशस्यमायुष्यं कर्म्म कुर्व्वीत तत्परः ।
कुर्व्वन्नेवेह कर्म्माणीत्यादि[3] वेदेऽपि निश्चयः ॥ २६ ॥
सुकृतैः प्राप्यते सम्पत् सा च भोगाय चेष्यते ।
स भोगोऽष्टादशविधैर्व्यसनैर्नानुबध्यते ॥ २७ ॥
पृथक् तेभ्यो भोगरूपो न कुत्रापि प्रतीयते ।
भक्ष्यस्रक्चन्दनादेर्यः सोऽपि तादर्थकः स्मृतः ॥ २८ ॥

---

१ A कर्म्मज्ञाना । २ B परमसुन्दरः ।
३ B इत्येवं ।

अतो वसन्तवर्षर्त्तुचन्दनेन्दूदयादयः ।
मुदे कान्तोपगूढानामुद्वेगाय वियोगिनाम् ॥१९॥

धर्मद्रुमस्य फलमर्थमुदीरयन्ति
शास्त्रेषु निश्चितधियो हि यथागमेन ।
तं दानभोगविधये सुजनो नियुङ्क्ते
सम्यक् तयोः परिणतिः सुषमामुपैति ॥२०॥

इति श्रीकूर्म्माचलाधिपति-रुद्रदेवविरचिते श्यैनिके शास्त्रे
कर्म्मानुषञ्जनः प्रथमः परिच्छेदः ।

द्वितीयः परिच्छेदः ।

वाक्पारुष्याद्यभिहितस्तथाष्टादशको गणः ।
हेयाहेयप्रकारेण नामतस्तत्र कथ्यते ॥१॥
वाग्दण्डयोश्च पारुष्ये ईर्ष्यासूया च साहसम् ।
अर्थदूषणपैशून्ये क्रोधजे क्रोध एव च ॥२॥
स्त्रियोऽक्षा मदिरागीतनृत्यवाद्यवृथाटनम् ।
परोक्षनिन्दाहःस्वप्नो मृगया[1] चेति कामजः ॥३॥
अश्लीला कर्कशा चोक्ति र्वाक्पारुष्यमितीर्यते ।
दण्डेषु व्यवहारे च शोभते नान्यदा क्वचित् ॥४॥
दण्डोऽनर्हे महोग्रश्च दण्डपारुष्यमुच्यते ।
प्रतापजननायालं सङ्कटे नान्यदा चरेत् ॥५॥
परर्द्धिष्वक्षमा चेर्ष्या सा सपत्ने प्रशस्यते ।
तदुच्छेदाय यतते तयैवोत्तेजितो यतः ॥६॥
दोषारोपो गुणादौ यः सासूयेति निगद्यते ।
विदूषकादिभिः सा तु रहोगोष्ठ्यां प्रशस्यते ॥७॥
क्रियमाणा, तत्प्रपञ्चो नाटकादौ निरीक्ष्यताम् ।
आख्यायिकादिष्वपि च समासव्यासयोगतः ॥८॥
प्राणसन्देहकृत्कार्य्यं कृतं साहसमुच्यते ।
तदापत्सु च शोभायै भवेद्धासाय चान्यदा ॥९॥
प्रकीर्णता चाग्रहणमपात्रे प्रतिपादनम् ।

---

१ A B C कश्चः स्वप्नम्मृगया चेति ।

मूलच्छेदेन वा दानप्रतिपत्त्यर्थदूषणम् ।
तत् प्रयत्नेन चाप्तैस्तु कारयेत् परमण्डले ॥१०॥

सूचनं परदोषाणां पैशुन्यमिति गीयते ।
तच्चारमुखतः सर्व्वं श्रोतव्यं स्वधिया पुनः ।
निश्चित्य चारैरन्यैश्च प्रतीकारं तदाचरेत् ॥११॥

दण्डादिपातने क्रौर्य्यं क्रोध इत्युच्यते बुधैः ।
सदापकारिषु च तं विदध्यान्नेतरेषु च ॥१२॥

सुलक्षणा कलाभिज्ञा दक्षा सौभाग्यसंयुता ।
वयोविनयसम्पन्ना सा स्त्री स्त्रीत्युच्यते बुधैः ॥१३॥
साधनं सा त्रिवर्गस्य गृहस्थाश्रमलक्ष्म[1] च ।
प्रसूत्युपस्करप्रेक्षामनःप्रह्लादनादिभिः ॥१४॥
एतत् कुमारेणाप्युक्तं पुरागस्त्याय पृच्छते ।
"यत्रानुकूल्यं दम्पत्योस्त्रिवर्गस्तत्र वर्द्धते" ॥१५॥
धर्म्मादर्थोऽर्थतः कामः कामः स्त्रीभ्यो न चान्यतः ।
तेन धर्म्मद्रुमस्याहो फलं रक्ता नितम्बिनी ॥१६॥
अतस्तां सर्व्वभावेन पुमांश्चैवानुरञ्जयेत् ।
स्वच्छन्दाचरणं हित्वा कामसंवेदनादिषु ॥१७॥
कामस्थानन्यमनसोर्दम्पत्यो र्यः परस्परम् ।
आत्मैकवेद्यो नाख्येयः स्पर्शः काम इतीरितः ॥१८॥
गुणाढ्यव्यासवाल्मीकिसूक्तिमुक्तार्णवेषु च ।
सम्भोगविप्रलम्भाभ्यां प्रपञ्चस्तस्य विस्तरः ॥१९॥

---

१ B कम्म।

क्रीडा सजीवनिर्जीवा स्नेहपूर्व्वाच उच्यते ।
स चार्थवृद्धौ कामर्द्धौ सुप्रयुक्तः प्रजायते ॥२०॥
यत्पानात् मत्ततामेति तद्वस्तु मदिरोच्यते ।
अचिकित्स्येष्वामयेषु तज्ज्ञैः सापि प्रशस्यते ॥२१॥
गेयं यद्रक्तकण्ठस्य तालस्वरसमन्वितं ।
लास्योपयोगि तद्गीतं गीतज्ञास्तद्विजानते ॥२२॥
यथावकाशेन च तच्चतुर्वर्गस्य साधनम् ।
प्रत्यक्षेणार्थकामस्य सिद्धिर्गाने प्रदृश्यते ॥२३॥
धर्म्मापवर्गयोः सिद्धिर्भरतेन यथोदिता ।
याज्ञवल्क्येन मुनिना तथान्यैर्नारदादिभिः ॥२४॥
गीतज्ञो यदि गीतेन नाप्नोति परमं पदम् ।
रुद्रस्यानुचरो भूत्वा तेनैव सह मोदते ॥२५॥
उद्धतं ताण्डवं यच्च लास्यञ्चाभिनयात्मकम् ।
चारीलयसमायुक्तं द्विविधं नृत्यमुच्यते ॥२६॥
चतुर्व्विधं वाद्यमुक्तं[1] तत्ततादिप्रभेदतः ।
प्रयोजनं गीतवच्च विज्ञेयं नृत्यवाद्ययोः ॥२७॥
कार्य्यं विना यदुद्याननगराद्युपसर्पणम् ।
वृथाटनं तच्छस्तन्तु शरीरालस्यशान्तये ॥२८॥
परोक्षनिन्दा व्यक्तार्था सातिसन्धातुमिष्यते ॥२९॥
सर्व्वर्त्तुषु दिवास्वप्नः सोऽपि व्यक्तार्थ एव हि ।
बालातिसारिक्षीणेषु स चाजीर्णेषु शोभनः ॥३०॥

---

१ C चतुर्विधमिदं वाद्यं।

त एते सप्तदश च मृगया[१] द्वादशी तथा।
हेयाहेयाः पुरा प्राह भीष्मो धर्म्मात्मजं यथा ॥२१॥
"व्यसनानि च सर्व्वाणि त्यजेथा भूरिदक्षिण।
न चैव न प्रयुञ्जीत सङ्गन्तु परिवर्ज्जयेत्" ॥२२॥

इत्यमत्र परिचिन्त्य लाघवं
गौरवञ्च गुणयोगतः पृथक्।
सङ्गमात्रमपहाय योजयेत्
रञ्जनाय जगतो यथायथम् ॥२३॥

इति श्रीरुद्रदेवविरचिते श्यैनिके शास्त्रे व्यसनहेयाहेयता-
निरूपणो द्वितीयः परिच्छेदः।

---

१ B एत एते सप्तदशमृगया।

तृतीयः परिच्छेदः ।

अथेदानीं मृगया तु समासव्यासयोगतः ।
एकापि चाष्टधा सैषा बहुधाच निरूप्यते ॥१॥
आमिषाद्यर्थसंसिद्धौ नैकोपायैः सुखाय च ।
हिंसनं प्राणिमात्रस्य मृगयेति प्रचक्षते ॥२॥
हिंसनं प्राणिनां यच्च तच्च दोषपरम्परा ।
यागीयाः पशवः प्रोक्ता ग्राम्यारण्याश्चतुर्दश ॥३॥
एषामप्रोक्षितानाञ्च हिंसा दोषाय जायते ।
अस्मिन्नर्थे पुरा श्लोका यथा द्वैपायनोदिताः ॥४॥
पाण्डुकिन्दमसंवादे मृगहिंसाप्रसङ्गतः ।
"शत्रूणां या वधे वृत्तिः सा मृगाणां वधे स्मृता ॥५॥
राज्ञां, मृग, न मां मोहात् त्वं गर्हयितुमर्हसि" ।
अच्छद्मना मायया वा मृगाणां वध इष्यते ॥६॥
अगस्त्यः सत्रमासीनश्चचार[1] मृगयां ऋषिः ।
आरण्यान् सर्व्वदैवत्यान् पशून् प्रोक्षन् महावने[2] ॥७॥
अगस्त्यप्रोक्षणाद्धिंसा मृगयायां न वर्त्तते[3] ।
ग्राम्याणां प्रोक्षणं शस्तं यागादिषु यथाविधि ॥८॥
आरण्यानां ह्यगस्त्यस्य प्रोक्षणाच्छस्यते वधः ।
श्रूयन्ते चेतिहासाश्च राज्ञां तस्या निषेवने ॥९॥
व्यायामाच्चोपघाताच्च प्रत्युतायासवेदनं ।
यत्र तत्र सुखायेति व्यर्थस्तेत्तच कथ्यते ॥१०॥

---

१ B चकार । २ B महामुने । ३ C wrongly प्रवर्त्तते ।

यथा प्रसह्य मानिन्या[१] चुम्बनालिङ्गनादिकम् ।
आयाससाध्यमप्यन्तर्न नाम मुदमश्नुते ॥ ११ ॥
प्रहारो नखदन्तादेर्यथैव स्मरसङ्गरे ।
उपचीतस्तथैवात्र रसावेशान्न वा वजे ॥ १२ ॥
इति सिद्धं लक्षणं हि मृगयायाः पुरोदितम्[२] ।
तस्याः किलाष्टभेदानां विवेचनमथोच्यते ॥ १३ ॥
हरमूर्त्तिरिवावस्थाभेदादेकैव कामिनी ।
यथाष्टधा रसायाङ्गं तथैव मृगया मता ॥ १४ ॥
आश्वीनाख्या सजालाख्या काख्याख्या यावशी परा ।
सापेक्षाख्या पदप्रेक्षा तथा श्वगणिका परा ॥ १५ ॥
श्येनपाताष्टमी चैताः क्रमेण परिकीर्त्तिताः ।
[३]स्वलक्षणमथैषां हि तथाकर्त्तव्यतोच्यते ॥ १६ ॥
तुरगैः साधनीभूतैर्विद्रवन्तः शरादिभिः ।
वध्यन्ते हि मृगा यस्यां साश्वीना रसशेवधिः ॥ १७ ॥
अवृक्षकर्द्दमग्रावा नीरन्ध्रा भूः प्रशस्यते ।
कालश्च शिशिरादूर्द्ध्वन्तादाज्यैष्ठार्द्धमपीष्यते ॥ १८ ॥
तस्याः सुसेवनान्मेदश्छेदो वपुषि लाघवम् ।
बलाशोपचयो[४] दार्ढ्यमन्तराग्नेश्च पाटवम् ॥ १९ ॥
क्षुत्तृट्शीतातपालस्यजागरादेः सहिष्णुता ।
चललक्ष्यादिनैपुण्यमुत्साहपरिवर्द्धनम् ॥ २० ॥

---

१ A मानिधन्या ।　　　　२ C परोदितम् ।
३ B C समलक्ष्यां ।　　　　४ A C बलाशापचयो ।

स्वसत्त्वोद्भावनं ज्ञानं सत्त्वानां चित्तचेष्टिते।
इत्यादिकगुणोत्कर्षो जायते चात्मसम्पदे ॥ २१॥
तथा धर्म्मार्ज्जनमपि वृकव्याघ्रादिहिंसनात्।
वधेन हरिणादीनां शस्यादीनाञ्च रक्षणात्[1] ॥ २२॥
नैककर्म्मोपयोग्यानामटवीनां निरीक्षणात्।
वित्रासनाच्च चौराणां तथाटविकरञ्जनात् ॥ २३॥
तथार्थोपार्ज्जनं मत्तहस्तिगण्डानुबन्धनात्।
विषाणाजिनकस्तूरिमणिपक्षाद्युपार्ज्जनात् ॥ २४॥
वराहलाविकादीनां[2] सन्मांसाभ्यवहारतः।
उद्रिक्तसत्त्वसम्पत्त्या कामोद्रेकोऽपि[3] पुष्कलः ॥ २५॥
रसोऽभिमानोऽहङ्कारः कामसर्व्वस्वमुच्यते।
अतो मृगव्याश्रान्तस्य चन्दनाद्यनुलेपनम् ॥ २६॥
गात्रसंवाहनं हस्तपल्लवैश्च मृगीदृशाम्।
पानकं पञ्चसारादि तालवृन्तानिला मुहुः ॥ २७॥
मनसोह्यभिमानेन यथा सम्बन्धमृच्छति।
अन्यदा न तथा येन तेन कामैकवेदनम् ॥ २८॥
स्त्रीमृगव्याभिदा कापि रसपुष्टौ न दृश्यते।
शास्त्रकारैः किलैतावान् सूक्ष्मभेदस्तु दर्शितः ॥ २९॥
आभ्यासिकी सम्प्रयोगे प्रीतिश्चानुत्तमा रतौ।
विभावाश्चानुभावाश्च रसाधिक्यात्तयोः समाः ॥ ३०॥

१ C वर्द्धनात्। २ A B C लावक। ३ B कामोत्कर्षोपि।

संयोगविप्रयोगाभ्यां विलोक्यन्ते यथायथम् ।
तेषां स्त्रीविषये व्यासो नाव्यालङ्कारनिर्म्मितौ ॥२१॥
कामशास्त्रादिषु महान् दृश्यते तेन नोच्यते ।
मृगयायास्तु संक्षेपात् परिज्ञानाय कथ्यते ॥२२॥
मोक्तुर्दूराच्छकुन्तादेर्ग्रहः श्येनादिभिः कृतः ।
धन्विनश्च हठाल्लक्ष्ये शरसिद्धिश्चलाचले ॥२३॥
व्यञ्जयत्युत्तमां प्रीतिं श्रश्रुरोमाञ्चगद्गदैः ।
विच्युतिश्चापि तस्यैव वियोगेनापदिश्यते ॥२४॥
वितर्कस्मृतिवैवर्ण्यविलापादिकरी यतः ।
इत्याद्यूह्यमतः साम्यं मृगयायास्तथा स्त्रियः ।
तेनैषापि त्रिवर्गस्य साधनाय प्रशस्यते ॥२५॥
सम्भूय भावकाशेन प्रसाध्यानिलसम्मुखम् ।
बलं मृगाभिसारेण सानायासेन सिध्यति ॥२६॥
खड्गाभिसरणे शस्ताः पञ्चषा एव सादिनः ॥२७॥
वश्यास्तुरङ्गाः शस्यन्ते शिक्षिता ये गतागते ।
त्वरया पृष्ठतो वेध्यः क्षुद्रशस्त्या तु सादिना ॥२८॥
परावृत्तो यदि भवेत्तदास्य पुरयायिना ।
विस्रम्भात्तु निजाश्वस्य सादिना भाव्यमञ्जसा ॥२९॥
तस्याभिसारे चान्येन वेध्यो भवति पृष्ठतः ।
अथवा पार्श्वतो बाणैर्वेध्यः श्रेष्ठधनुर्द्धरैः ॥४०॥
दृप्तं मृगेन्द्रमपि च तरलाश्वैस्तु धन्विनः ।
लक्ष्यालक्ष्येण लक्ष्येण मार्ज्जारमिव निघ्नते ॥४१॥

सा सजाला कूटवृत्त्या यस्यां निघ्नन्ति वै मृगान् ।
मत्स्यशङ्खेन्द्रसूकरीणां बन्धनञ्चापि कुर्व्वते ॥ ४२ ॥
नरास्तस्याः साधनानामानन्त्यमुपलभ्यते ।
निषादप्रायनीचेषु स्थितिस्तस्या विलोक्यते ॥ ४३ ॥
गजबन्धादिसौकर्य्यसिद्धये सातिरिष्यते ।
कारणीया नृपैः सा तु महोदयकरी यतः ॥ ४४ ॥
छद्माचरणमप्यत्र न दोषायानुबध्यते ।
अस्मिन्नर्थे वालिवधे यथा वाल्मीकिनोदना[१] ॥ ४५ ॥
"वागुराभिश्च कूटैश्च पाशैश्च विविधैर्नराः ।
प्रतिच्छन्ना अदृश्याश्च[२] गच्छन्ति बहवोऽद्भुतम् ।
विध्यन्त्यभिमुखांश्चापि मृगयाधर्म्मकोविदाः" ॥ ४६ ॥
कुरङ्गांश्च कुरङ्गाश्च पक्षिणश्चापि पक्षिणः ।
बध्नन्ति शिक्षायोगेन सजालान्तर्गतैव सा ॥ ४७ ॥

काल्या सङ्काल्य बहुभिः पृष्ठतोऽन्यैः पुरःस्थितैः ।
साध्यते या पृथक्कुलैस्तुर्धा सा तु भिद्यते ॥ ४८ ॥
तारोच्चारैः काल्यमानाः पुरोवातं द्विभिस्त्रिभिः ।
त्रिकर्णिमोचैर्हन्यन्ते एणाः सा बहुकर्णिका ॥ ४९ ॥
पृष्ठतो निविडीभूतैः काल्यन्ते यत्र वै मृगाः ।
बध्यन्ते पादपच्छन्नैर्यत्र सा मूलबन्धिका ॥ ५० ॥
सुदूराद् वर्त्तुलीभूय क्रमात् सङ्कोचमागतैः ।
एकत्र प्रतिसंरुद्धा नैकजात्युद्भवा मृगाः ॥ ५१ ॥

---

१ A B ०नोदनात् । २ B सदृश्यांश्च ।

बध्यन्ते करवालाद्यै र्बङ्कभि र्यत्र नेकधा ।
महाकाल्येति सा प्रोक्ता सिध्यते सा नृपादिभिः ॥ ५२॥
अपरा गजकाल्येति साध्यते साश्वसादिभिः ।
ग्रीष्मर्त्ताविव विरलीभूतवार्य्युपरोधनात् ॥ ५३॥
चतुर्व्विधायाः काल्यायाः साधने कुशला जनाः ।
युज्यन्ते कानने मोचे शराणाञ्चान्यथा नृणाम् ।
वृथायासो भवेद्धंसः स्वौर्य्येष्वेवानुदृश्यते ॥ ५४॥
निर्यातयवशस्यादिस्पन्दनामात्रसूचिताः ।
बध्यन्ते यत्र वै बध्या यावशी सा प्रकीर्त्तिता ॥ ५५॥
द्वित्रैरेवाश्ववारैश्च शरमोचविशारदैः ।
सा सिध्यति शनैस्थारात् शस्य[१]स्पन्दोपलचणात् ॥ ५६॥
नात्यायासकरी सा तु प्रमोदायोपजायते ॥ ५७॥
मृगाद्यपेचामालम्ब्य लीनो यत्रैक एव वा ।
धन्वी विध्यति दिग्धेन सा सापेचा स्मृता बुधैः ॥ ५८॥
विभीतकादौ चेत्रे वा निपाने सा तु सिध्यति[२] ।
गोशवादिषु सिंहादेर्वधाय सुखसिद्धिदा ॥ ५९॥
पदमार्गानुसारेण बध्यन्ते यत्र वै मृगाः ।
पदप्रेचा च सा प्रोक्ता द्विधा सापि प्रयुज्यते ॥ ६०॥
[३]कुक्कुरैः परितोऽन्विष्य चिरमायास्य कर्कशम् ।

१ C सस्यग । २ C सिद्धिदा ।

३ C विश्राव्य सारमेयैस्तु धन्विनः पृष्ठगाः स्वयं ।
घ्नन्ति श्रान्तान् मृगान् यत्र श्वपदप्रेक्षिका तु सा ।

बध्यते हि मृगो यस्यां श्वपदप्रेक्षिका हि सा ॥६१॥
यत्र धन्वी प्रयत्नेन स्वयमन्विष्य कौशलात्।
सुप्तं सुप्तोत्थितं वापि हन्ति सा पूर्व्वशब्दिता ॥६२॥
ते च द्वे सैकतप्राये मानूपे वाथ यत्नतः।
वर्षर्त्तावतिसिध्येते चान्यदातिश्रमात् पुनः ॥६३॥

ऊषरादिस्थले यस्यां लक्ष्यीकृत्योपवाहिताः।
गृह्णन्ति शशकादींश्च श्वानः श्वगणिका स्मृता ॥६४॥
शुनां सुखपरिक्षेपः सिद्धसिद्धौ शशश्रुतौ।
पतनोत्पतनाभ्यां द्वे हास्यपुष्टिविधायिके ॥६५॥
तेषाञ्च घुर्घुरोद्दामराविणि प्रतिधावताम्।
काले तद्रौद्रपर्य्याप्तै र्दन्तादन्ति नखानखि ॥६६॥
[1]द्विशस्त्रिशः सावकाशाद्रज्जुमोचविशारदैः।
लक्ष्यमुद्दिश्य च शुनां मोकस्तत्सिद्धिकारकः ॥६७॥
तस्यां शराणां सहसा मोक्षो नान्यत्र शस्यते।
बाधमानमपास्यैकं कोलं कौलेयसिद्धये ॥६८॥
दण्डापि[2] सा त्वर्थयुक्ता[3] प्रयोक्तव्या शशादिषु।
एवं सापि प्रमोदानामास्पदं परिकीर्त्त्यते ॥६९॥
[4]अन्या एव भिदा कापि कृष्णसारे हरौ हि यः।
मोकोऽतिरसकृद्येन रज्ज्वा मोकोऽपि स स्मृतः ॥७०॥

यस्यां तज्ज्ञैर्द्विधा मुक्ताः पतत्रिषु पतन्ति च।

---

१ C puts this verse after the next. २ B दांडा।
३ A B ०युक्ता। ४ C omits this verse.

श्येनाः, शातीव रसभूः श्येनपातेति कथ्यते ॥७१॥

श्येनपाता मृगव्येति स्वैरं वान्यस्य वा भवेत्।
स्वैरमारण्यकानाञ्चेत् मृगव्येति निरर्थकम् ॥७२॥

मृगान् शशादा गृह्णन्तीत्येवं यदि सदर्थकम्[1]।
तदा सिंहादिषु पुनः कथं नैतत्प्रयुज्यते ॥७३॥

यत्रानेकार्थमसकृत् मृग्यन्ते प्राणिनः पराः।
सा मृगव्येति निर्द्दिष्टा सा तिरश्चां न विद्यते ॥७४॥

ते तु स्वोदरपर्य्याप्तिमात्रमांसाय केवलम्।
हिंसन्ति[2] न तु चैतेषां अर्थोऽन्यत्रानुबध्यते ॥७५॥

न केवलं मृगव्याया ह्यर्थो मांसार्थमात्रकः।
यतो मुक्ताजिनादीनां कस्तूर्य्यादेः समुद्भवः ॥७६॥

दृश्यन्ते हस्तिबन्धाश्च तेन नानार्थसिद्धये।
अन्विष्यते प्राणिजातं मृगयेत्युच्यते ततः ॥७७॥

अतो नृभिः प्रयुक्तानां तेषां पातोऽत्र कथ्यते।
तेनाष्टमी मृगव्येषा श्येनपाता निरूपिता ॥७८॥

एतस्या विशदतया किलाष्ट भेदा
निर्द्दिष्टाः पुनरपरे ह्यवान्तरा ये।
ते सर्व्वे रसजननाय नैकरूपाः
कल्प्यन्ते विहितविधानसम्प्रयोगात् ॥७९॥

इति श्रीरुद्रदेवविरचिते श्यैनिके शास्त्रे मृगयाविवेचनस्तृतीयः परिच्छेदः।

---

१ B omits this line. २ निघ्नन्ति।

चतुर्थः परिच्छेदः ।

मोक्षाद्याचारसम्पन्ना श्येनलक्षणलक्षिता ।
विस्रम्भणाद्युपायैश्च विहिता सा निगद्यते ॥ १ ॥
हस्तमुष्टिप्रभेदेन मोक्षो द्विविध उच्यते ।
यत्राङ्गुलीभिः सर्व्वाभिः [१]श्येनपत्याग्रपीड़नम् ॥ २ ॥
विधाय क्रियते मोक्षो हस्तमोक्षः स उच्यते ।
कुह्यादिष्वयमेवोक्तो वासादिष्वपि शस्यते ॥ ३ ॥
वस्त्रान्तरितमावेश्य तस्योपरि यथाबलम् ।
असङ्गवत्परीक्षेपो मुष्टिमोक्षः प्रकीर्त्तितः ॥ ४ ॥
असक्तं लघु मोक्षाख्यं गतानुगतमञ्जसा ।
प्रशस्यते द्विधा मोक्षो दूरे दूरे यथायथम् ॥ ५ ॥
तेषां विस्रम्भणं पूर्व्वं यथावदिह कथ्यते ।
आदौ विमुद्रयेन्नेत्रे सीवनेन विचक्षणः ॥ ६ ॥
यथा न सुखमीक्षेत यथा वा[२] प्रतिशीर्षकैः ।
शब्दश्च श्रावयेन्नैव यावद्दिवसपञ्चकम् ॥ ७ ॥
ततः प्रतिनिशं किञ्चित् सालोके दीपिकादिभिः ।
नेत्रे निर्मुच्य[३] पानीयैः क्षालयेत् सुखशीतलैः ॥ ८ ॥
किञ्चित् किञ्चित् परिचयं कारयेत् श्रावयेत् वचः ।
एवं क्रमेण हस्तादिस्पर्शैर्वाक्योपलालनैः ॥ ९ ॥
विभक्तकाले पानीयमांसदानेन सान्त्वनैः ।
छायातपोपशमनैः क्रमाच्चोपमोचनैः ॥ १० ॥

---

१ A श्येनवत्• । २ A B तथा वा । ३ A C निर्मृज्य ।

कृत्वा रक्तापरक्तत्वं ज्ञेयश्चैषां विचेष्टितैः ।
नेत्रे निमील्य तिष्ठन्ति चैकपादेन वै यदा ॥११॥
चञ्चा कण्डूयनञ्चैव पक्षपाल्योर्विधूननम् ।
आस्यावलोकने सौम्यां दृष्टिं सञ्चारयन्ति च ॥१२॥
तदा रक्तास्तु विज्ञेया विरक्तास्त्वन्यथा तु ते ।
रक्तान् ज्ञात्वा रज्जुयुक्तानाकर्षेदामिषादिभिः ॥१३॥
क्रमेण वर्द्धयेद्भूमिमाकर्षेच्च दिशः चिशः ।
यदाकाशे नो विलम्बं कुर्य्युस्तिर्य्यङ्ग वा गतिम् ॥१४॥
न मांसादेस्तथा कृष्टिं तदा रज्वा विनाकर्षेत् ।
ततो वृक्षाद्युपरि च प्रक्षिप्याकाययेत् क्रमात् ॥१५॥
कलविङ्ककपोतादिपतत्त्रिग्रहणं पुनः ।
कारयेत् पूर्व्वसंस्कारस्मारणाय यथायथम् ॥१६॥
क्रमेणानेन ये न स्युर्वश्यास्तानतिजागरैः ।
अत्यन्तकरसंयोगैः कर्षणैश्चानयेद्वशम् ॥१७॥

तेषां जात्यनुरूपा च रञ्जनाय क्रिया मता ।
अतोऽनुवक्ष्ये श्येनानां पृथग्जातिविवेचनम् ॥१८॥
कृष्णाक्षा पाटलाक्षा च जाती द्वे प्रस्फुटान्तरे ।
तयोश्चावान्तरा भेदा लक्ष्यन्तेऽन्येऽपि भूरिशः ॥१९॥
तेषां नामानि कथ्यन्ते जातानां जातिमुख्ययोः ।
कुही-शशाद-चरक-वहरी-लगरास्तथा ॥२०॥
तथान्या पक्षकलिका तथा तुरुमुती परा ।
पुंव्यक्तयश्च तत्सञ्ज्ञाः कृष्णाक्षजातिजो गणः ॥२१॥

एषोऽतिजागरैः साध्यः सपानीयाभिषाशनः।
कार्य्यो मुखे शिलाक्षेपस्तथा हस्तादिदंशने ॥२२॥
विश्रम्भश्चाचुषश्चास्य क्षिप्रमेव प्रजायते।
आभ्यन्तरस्तु हस्केण तस्माद् युक्त्या वशं नयेत् ॥२३॥
आक्रान्तं पचवन्धेन वाससा वा प्रकल्पयेत्।
आगते देयमशनं यथा नाशा विहन्यते ॥२४॥
वाग्दण्डैश्चार्थदण्डैश्च किञ्चिदाश्वासनैस्तथा।
स्थाप्यन्ते स्ववशे दुष्टा यथैवैष[1] गणस्तथा ॥२५॥
अतिपुष्टस्तु[2] विकृतिमशक्तिमतिकर्षितः।
सम्पद्यते यथा नीचस्तथैवैष गणः कृतः ॥२६॥
प्रत्याशावर्द्धनोपायै र्दानैः कर्म्मानुरूपतः।
रञ्जिता रञ्जनायालं भृत्या इव भवन्ति ते ॥२७॥
दूराक्रान्ते दूरपाते[3] स्थूललक्ष्यविनिग्रहे।
प्रशस्त एष हि गणो द्वितीयः कथ्यतेऽधुना ॥२८॥
पचं वाजश्छद इति पर्य्यायकथनोक्तयः।
भवन्ति तेन सामान्यं वाजवत्त्वं पतत्रिणाम् ॥२९॥
यथाश्वत्थाम्नि कर्णे च भीष्मे पार्थे च रुक्मिणि।
सामान्ये सव्यसाचित्वे वैशिष्ट्यादर्ज्जुनेऽभिधा ॥३०॥
तथैव वाजवत्त्वेऽपि सामान्ये सर्व्वपक्षिणाम्।
श्येने पक्षीति वाजीति शब्दो वैशिष्ट्यसूचकः ॥३१॥
वाजा वासा वेसराश्च शिषानाश्च चतुर्व्विधाः।

---

१ A B वेष। २ C अतिदुष्टः। ३ C दूरयाने।

जूराखेटा धूतिटुनास्तथा पुंश्चकयस्तमी ॥ ३२ ॥
उभयोर्गणयोस्तेषां स्त्रीणां प्राधान्यमूर्ज्जितम् ।
संस्थाने साहसे मूल्ये पक्षपातादिसौष्ठवे ॥
बाजाद्याश्च प्रधानत्वात् पुंलिङ्गे व्यपदेशिताः ॥ ३३ ॥

वाजिनः पञ्चधा तेषां पृथक्लक्षणमुच्यते ।
कृशाकृतिर्बलाकाक्षः श्वेतकृष्णकपर्द्दिकः ॥ ३४ ॥
भवत्यङ्गे तयोर्व्वीसु सुखसाध्यः प्रकीर्त्तितः ।
यश्चक्रवाकसंस्थानश्चक्राङ्गः स च कीर्त्तितः ॥ ३५ ॥
प्रलम्बः कृष्णसंस्थानः कङ्काभः कालकः स्मृतः ।
चिराद्विभ्रममभ्येति सुरक्तोऽपि विरज्यते ॥ ३६ ॥
यः सर्व्वाङ्गे हिमप्रख्यो हंसवाजः स कथ्यते ।
स यत्र पूजितस्तिष्ठेत् कल्याणं तत्र जायते ॥ ३७ ॥
तं प्रयत्नेन रक्षेत्तु नाच्छेड़ादिषु[1] योजयेत् ।
तस्य स्पर्शेन नश्यन्ति ज्वराश्चातुर्थिकादयः ॥ ३८ ॥
यस्याश्वत्थदलप्रख्या लेखा पुच्छच्छदादिषु[2] ।
जायते वाजराजोऽसौ महारावणसंज्ञकः ॥ ३९ ॥
स महापुण्यनिचयैः प्राप्यते कौतुकास्पदम् ।
रावणात् पश्चिमज्ञानां महारावण उच्यते ॥ ४० ॥

औरङ्गना धावनाश्च प्रतिष्ठानास्तथैव च ।
शिकाराश्चेति वासानां चतुर्धा जातिरुच्यते ॥ ४१ ॥
औरङ्गना बहुविधा भवन्त्युच्चावचा अपि ।
विक्रमे साहसे चैव वर्णैरपि पृथग्विधाः ॥ ४२ ॥

---

१ C आखेटा० ।　　२ C पक्षच्छटा०, A पुच्छच्छटा० ।

धावनाः सूक्ष्मकायाश्च सुकुमारा जवाधिकाः ।
पत्रप्रायाः प्रतिष्ठानां मन्दा वेगे च साहसे ॥४३॥
अरोगा बद्धपिण्डाश्च वाजदेशसमुद्भवाः ।
श्वेताभा गैरिकाभाश्च कृष्णाभा वर्णतः स्मृताः ॥४४॥
सुशीला जवना हिस्राः शिकाराश्चण्डसाहसाः ।
श्चोतन्त इव पीयूषं दृशोः संस्थानसौष्ठवैः ॥४५॥
प्राप्यन्ते तेऽतिसुकृतैः शिक्षासंस्कारशालिनः ।
तान्नातिजागरायासैः क्लेशयेल्लालयेन्मुहुः ॥४६॥
पुष्टानेव मृगव्यायां योजयेन्मनसो मुदे ।
वेसरास्त्रिविधास्तेषां पृथङ्नामाभिधीयते ॥४७॥
स्थूलोऽधमो माणिकस्तु चूलिकाङ्कस्तु मध्यमः ।
शुङ्कस्तु वासाप्रतिमः पक्षाधिक्योऽपि साहसे ॥४८॥
अनेकदेशजन्मानस्तेन देशस्वभावतः ।
नानासंस्थानचेष्टाभिः सिचाना नैकधा स्मृताः ॥४९॥
पुंव्यक्तयोऽपि चैतेषां लक्षणैरुपलक्षिताः ।
भवन्ति ते च विस्तारभयान्नात्र प्रदर्शिताः ॥५०॥
शीर्षं फणिफणाकारं शस्तं ग्रीवा तथोन्नता ।
पक्षती चायते वक्षो विस्तीर्णं सर्व्वपक्षिणाम् ॥५१॥
ह्रस्वे च नलिके तद्वद्वृत्तपीने सुबन्धने ।
आयताङ्गुलिसुश्लिष्टसन्धिबन्धौ करौ मतौ ॥५२॥
उदग्रनखरौ चैषामासनं[1] स्वस्तिकाकृति ।
एतानि लक्षणान्येषां सामान्यानि विजानते ॥५३॥

---

१ A आंसनम् ।

शारी मधुरवाक् धन्यो वाजी मूकोऽतिशोभनः ।
कुक्षौ यस्याः कण्ठिका हि कर्णान्ता रजताकृतिः ॥५४॥
पक्षचमत्कारसम्पुष्टा लालनैश्चानुरञ्जिताः ।
भवन्ति वाञ्छितार्थाप्त्यै श्येनाः सुसचिवा इव ॥५५॥
पक्षी विनेतुरसमं बुद्धिकौशलवैभवम् ।
राज्यतन्त्रविधानज्ञो वा[1] जानाति न चेतरः ॥५६॥
यत्र लब्धोपशमनमलब्धार्थोपचिन्तनम् ।
दुष्टानां कर्षणं युक्त्या विनीतानाञ्च पोषणम् ॥५७॥
उत्साहवर्द्धनं कामपूरणैः कृतकर्म्मणाम् ।
रञ्जनं रक्षणं शश्वत् रक्तारक्तपरीक्षणम् ॥५८॥
विश्वासनमविश्वासो नेत्रचेष्टानिरूपणम् ।
साध्यसाधनयोर्ज्ञानं शक्याशक्यविवेचनम् ॥५९॥
ज्ञात्वा नियोजनं योग्ये तथायोग्यान्निवर्त्तनम् ।
इत्याद्यूह्या गुणा ये च राजधर्मे प्रदर्शिताः ॥६०॥
तत्र ते श्यैनिके शास्त्रे विचीयन्ते मनीषिभिः ।
यथावकाशं हि रसा नाट्यादौ ये विनिर्म्मिताः ॥६१॥

इत्याद्यनेकरसभावनया गभीर-
मापामरादिसुखसेव्यतया सुबोधम् ।
संक्षिप्तयुक्तिरचितं परिशीलयन्तु
ते श्यैनिकन्तु मृगयाऽभिमता हि येषाम् ॥६२॥

इति श्रीरुद्रदेवविरचिते श्यैनिके शास्त्रे श्येनानां विवेचनं परिच्छेदः चतुर्थः ॥

---

[1] A B वि ।

पञ्चमः परिच्छेदः ।

तेषामाहारमात्रायाः परिमाणमथोच्यते ।
कालचर्य्या तथा रोगपरीक्षानिग्रहावपि ॥१॥
पञ्चविंशतिटङ्कैश्च मात्रा शुद्धामिषस्य या ।
कुहीचरकवाजानां बहरीणाञ्च सा भवेत् ॥२॥
शशादा नान्यमात्रार्हा लङ्घनेऽपि तथाक्षमाः ।
जातिमात्रेण निर्द्दिष्टास्तेषां क्रीडा तु नोदिता ॥३॥
तैः पञ्चहीनां तासान्तु पुंव्यक्तीनां प्रयोजयेत् ।
पञ्चकाकलिकायास्तु पञ्चहीना ततो भवेत् ॥४॥
ततो द्विहीना वासानां द्विहीनां पुनरादिशेत् ।
शुद्धानां वेसराणान्तु चूलाङ्कानां पुरोदिताः ॥५॥
तावन्मात्रा सिचानानां यथासात्म्येन कल्पिता ॥६॥
तथा तुरुमुतीनान्तु नवटङ्कैः प्रकल्पिता ।
चेटाटोनाधूतिकानामेकद्वित्रिक्रमात् क्षमाम् ॥७॥
प्रकल्पयेदिमां मात्रां द्विवारन्तेषु योजयेत् ।
यथा वेतनभक्तस्य यथायोग्यैव कल्पना ॥८॥
शस्यते कालपातोऽपि तन्नक्षोभाय कल्पते ।
तथैषां कालपातोऽपि नाहारेषु प्रशस्यते ॥९॥
वैषम्यमपि मात्राया वैगुण्यमुपपादयेत् ।
मात्रैषा हि मृगव्यायां नियुक्तानां प्रकीर्त्तिता ॥१०॥
पक्षमोक्षाय ज्यैष्ठादावन्यां मात्रां प्रकल्पयेत् ।
ग्रीष्मे प्रचण्डमार्त्तण्डतापसन्तापिता दिशः ॥११॥

न भान्ति तरवश्चैव शीर्णपर्णैरनाश्रयाः ।
झञ्झानिला धूलिजालैराविला वान्ति सर्व्वतः ॥१२॥
पयांसि क्वथितानीव स्रोतस्विन्यः स्रवन्ति च ।
प्रतप्तरेणुदुष्पर्शा रसा तेनेह जन्तवः ।
निर्वीरा विगतोत्साहा लक्ष्यन्ते ज्वरिता इव ॥१३॥
पतच्चिणस्तारतारैं रुवन्ति करुणस्वरैः ।
विशेषेण स्रवद्वारिधौतामलशिलाचिताः ॥१४॥
भिन्नेन्द्रनीलसङ्काशसूक्ष्मशष्पसमाचिताः ।
स्रवत्सरलनिर्याससुरभीकृतमारुताः ॥१५॥
उपत्यका हिमगिरेर्येषां परिचयं गताः ।
तेषां दावाग्निसङ्काशो ग्रीष्मो भवति दुःसहः ॥१६॥
अतस्तापोपशमनान् उपचारान् प्रयोजयेत् ।
तेषां प्रासादशिखरे सुधाधवलितोदरे ॥१७॥
यन्त्रनिर्म्मुक्तपर्य्यन्तपानीयासारशीतले ।
जनैर्व्यजनहस्तैश्च दूरतो जनितानिले ॥१८॥
विविक्ते बन्धनं कार्य्यं जालसंरुद्धमक्षिके[1] ।
अथवोद्यानसद्वेद्यां रचितायां सुरक्षिभिः ॥१९॥
[2]सरत्कुल्याम्बुशीतायां निविडोच्छ्रितभूरुहैः ।
चण्डांशुकरसञ्चाररहितायामनारतम् ॥२०॥
[3]अधोशीरपरिन्यस्तपानीयसुरभीकृते ।

१ C ०मक्षके । २ C स्रत्० । ३ A B ०वति ।

परितो वापितोद्भूतयवाङ्कुरविराजिते ॥२१॥
निर्दंशमशके रम्ये भूगृहे बन्ध दृश्यते ।
स्थानं विलोचनानन्दजननं घ्राणतर्पणम् ॥२२॥
समाहृतप्रचारन्तु सावकाशं प्रकल्पयेत् ।
नैकत्र बहवः स्थाप्याः द्विशाः स्थाप्याः पृथक् पृथक् ॥२३॥
न च [1]तेभ्यः सुशीताम्बु वारंवारं प्रदर्शयेत् ।
वाजादिकलविङ्कादेर्मांसं नातिचिरस्थितम् ॥२४॥
लघु हृद्यं[2] प्रदातव्यं यथा परिणमेत्तथा ।
पुष्ट्यै प्रवर्द्धयेदेषां मात्रामथ शनैःशनैः ॥२५॥
स्नानार्थं वारिपूर्णाश्च स्थापयेत् कुण्डिकाः पुरः ।
भुक्तं यद्युद्गिरेयुस्ते मांसमेषां तदौषधम् ॥२६॥
मक्षिक्या नवनीतेन मेथिकाचूर्णमिष्यते ।
भुक्तं परिणमेन्नेषां यदि देयं तदामिषम् ॥२७॥
सद्योहृतञ्च[3] मद्याम्बुसिक्तं चन्द्राङ्कसंयुतम् ।
प्रदेयमथवा वह्निचूर्णं तदुपशान्तये ॥२८॥
किंवा भङ्गारसोन्मिश्रं पश्चात् तप्ताम्बु पाययेत् ।
युक्त्या यथा नोद्विजेरन् युक्तिः सर्व्वत्र साधिका ।
कार्श्यं यदि भजेयुस्ते तदा स्त्रीस्तन्यसंयुतम् ॥२९॥
प्रदेयं नवनीतेन धेन्वा वा मांसमिष्यते ।
चुद्बोधाय लवङ्गेन नरमूत्रेण वा पुनः ॥३०॥

---

१ C तत्र । २ C भव्यं । ३ C °हृतञ्च ।

एवं क्रमेण क्षुद्वृद्धिं विधाय परिलंघयेत् ।
मात्रासंवर्द्धनैर्नित्यमुपचारैः सुशीतलैः ॥३१॥

अथाम्बुदकृतध्वाने विद्युदुद्योतदीपिते ।
मालतीजनितामोदप्रमोदे सर्व्वदेहिनाम् ॥३२॥
दर्दुरारावविरुते शिखण्डिकृततांडवे ।
कदम्बामोदपिशुने श्वसने वाति सर्व्वतः ॥३३॥
सर्व्वत्रासारसञ्चारकलुषे सरिदम्बुनि ।
झिल्लीझङ्कारवाचाले काले प्रावृषि चागते ॥३४॥
तथैवोपचरेत्तांस्तु यथा पुष्टाः स्वपक्षकान्[1] ।
त्यक्त्वा नवान् प्रपद्येरन् सर्पास्त्वचमिव द्रुतम् ॥३५॥
यदि कालात्ययं कुर्य्युः पक्षमोक्षाय मामिषम् ।
शरटामिषमप्येके पक्षमोक्षाय जानते ॥३६॥
गडूषं गोमहिष्यादेर्द्ददते म्लेच्छजातयः ।
नैर्घृण्याद्वेगमान्द्यादिकरणान्नैव शस्यते ॥३७॥

कृमयो यदि पक्षाणि च्यावयन्ति तदौषधम् ।
विडङ्गवल्किकस्तूरीसमभागैः प्रदापयेत् ॥३८॥
द्विरत्तिमात्रमथवा सैन्धवं स्थूलपक्षिणाम् ।
लघूनां रत्तिकार्द्धन्तु समांसं दिवसत्रयम् ॥३९॥

तन्त्रैः सुशिक्षिताः श्येना भवन्त्यानन्ददायिनः ।
अतः सुखविघातार्थं नृणां प्राग्दृष्टदोषतः ॥४०॥

---

१ C स्वपुच्छकान् ।

तेषामपि भवन्तीह रोगास्तस्माच्च शान्तये ।
तेषाञ्चोद्दिशतो वक्ष्येऽनिग्रहायौषधक्रमम् ॥४१॥
चतुर्धा श्वासवैषम्यवृत्तिः शाखेति कथ्यते ।
अभिघातसमुत्थैका श्लेष्मजान्या च पित्तजा ॥४२॥
चैत्यजान्या शोषितेति कृच्छ्रसाध्या तु सा स्मृता ।
एषां शाखारुजार्त्तानां अन्धकारेऽतिनिर्जने ॥४३॥
दद्यते स्थानमल्पाल्पमामिषं साम्बु दापयेत् ।
घातजे बोलयुग्मांसं देयं गात्रेऽपि सव्यथे ॥४४॥
हरिद्रां लेपयेद् युक्त्या सेकः पर्य्युषिताम्बुना ।
श्लेष्मजे मारिचं चूर्णं नस्ये प्राक् संप्रयोजयेत् ॥४५॥
शिग्रुत्वक्चूर्णयुङ्मांसं देयं तप्ताम्बु पाययेत् ।
कस्तूरिकापि देया तु तदुपद्रवशान्तये ॥४६॥
पित्तजे घनसारेण लवङ्गोशीरचन्दनैः ।
समांसैर्गुटिका देया मांसात् प्रागेव युक्तितः ॥४७॥
पश्चान्मांसं वर्त्तिकादेर्देयमल्पं सवारि च ।
चैत्यजा दुर्द्धरा प्रोक्ता तथापि समुदीर्य्यते ॥४८॥
क्रियाः किलायुषः शेषे फलन्त्यपि सुयोजिताः ।
शस्यते कलविङ्कादेर्नरासृक्सिक्तमामिषम् ॥४९॥
अथवा पूजनायास्तत्कालीनं सम्प्रयोजयेत् ।
किटेरपि प्रयोक्तव्यमल्पमल्पं यथाबलम् ॥५०॥
धेन्वाश्च नवनीतेन पक्षिणां मिश्रमामिषम् ।
दद्यात्तप्ताम्बु युक्त्या च ततस्तदनुपाययेत् ॥५१॥

कर्पूरसंयुतं वारि काले काले प्रदापयेत् ।
अथैषां शाखिनां शस्ता मिमायी या प्रकीर्त्त्यते ॥५२॥
स्थूलानां श्यामनेत्राणां रक्तिकात्रितयं भवेत् ।
मात्रान्तेषान्तु सूक्ष्माणां तदर्द्धमुपकल्पयेत् ॥५३॥
स्थूलानां पाटलाक्षाणां मात्रा द्वे कृष्णले स्मृता ।
सूक्ष्माणां कृष्णलैका तु मात्रा भवति चौषधे ॥५४॥
स्तन्यं भृङ्गारसोन्मिश्रं मांसेन सह योजयेत् ।
अञ्जयेच्चाक्षिणी नित्यं दन्तचर्व्वितजीरकैः ॥५५॥
त्रिसप्तकदिनान्येव युज्यन्ते सर्व्वशाखिनां ।
मागधीरजनीवोलं मिमायी-खर्जि-पाटला ॥५६॥
एषां चूर्णं वस्त्रपूतमजाक्षीरसमन्वितम् ।
मांसेन शाखिनां देयमेकविंशतिवासरम् ॥५७॥
शिग्रुमूलत्वचश्चूर्णं अर्कक्षीरेण मेलितम् ।
मांसेन देयं सर्व्वेषां शाखिनां दिनसप्तकम् ॥५८॥
पतन्ति तापात् धूमाच्च घातात् पुष्पाणि नेत्रयोः ।
चाङ्गेरीमूलचूर्णेन श्लक्ष्णेनापूरयेद्दृशौ ॥५९॥
मुच्यते पुष्पकैः श्येनस्तथाष्टादशभिर्दिनैः ।
अथवा रजनीनिम्बपत्राणि मरिचानि च ॥६०॥
अभयापिप्पलीमुस्ताविडङ्गैः सममेलितैः ।
अजामूत्रेण वटिकां छायाशुष्कां विधाय च ॥६१॥
पाटले मधुना योज्या पुष्पके स्तन्ययोगतः ।
नाशयत्येव वटिका यथा रुद्रेण निर्म्मिता ॥६२॥

पानभोजनवैषम्यात् पित्तोद्रेकाच्च नेत्रयोः ।
शोफः सञ्जायते वक्त्रे तथा पाकश्च दुर्द्धरः ॥६३॥
श्लेष्माधिक्यादपि तथा दुश्चिकित्स्यः प्रजायते ।
क्षीरिण्याश्चक्रिकाचूर्णं तिलतैलेन मेलितम् ॥६४॥
पूर्व्वजे मांससहितं देयं लेपोऽपि शस्यते ।
श्लेष्मजे तु शिरे वेध्ये तप्तलौहशलाकया ॥६५॥
मुखपाके नृमूत्रेण मिश्रं मांसं प्रशस्यते ।
ततः प्रक्षालनमपि कार्य्यमास्यविशुद्धये ॥६६॥
बन्धकाठिन्ययोगाच्च भयादुत्पतनान्मुहुः ।
जायते सव्रणः शोफः पदयोर्गर्द्दभीति सा ॥६७॥
कालातिपातात् पदयोः सैव चांदीति कथ्यते ।
पिप्पलौदुम्बरे क्षीरे मेलयित्वा विलेपयेत् ॥६८॥
चरणौ गर्द्दभीशान्त्यै सप्तवासरमन्वहम् ।
शान्तिमभ्येति तेषां हि विट्प्रलेपेन वा पुनः ॥६९॥
जलूकां पातयित्वा[1] तु निशासैन्धवसंयुताम् ।
नवनीतेन तु खिन्नां लिप्त्वा वस्त्रेण वेष्टयेत् ॥७०॥
दिनत्रयं तदुन्मुच्य पुनरेवं प्रलेपयेत् ।
द्वादशाहं प्रलेपेन मुच्यते चांद्यपि स्फुटम् ॥७१॥
आघाताद्धीयमानो यो[2] लक्ष्यते बलवर्णतः ।
तस्यौषधमिदं देयं वक्ष्यमाणमतन्द्रिणा ॥७२॥

---

१ C जलौकां पाचयित्वा तु। २ C नो।

द्वे निशे तुल्यकं भार्गीं मदनं चार्कजं पयः ।
एते सर्व्वसमासेन मेलयित्वामिषेण[1] च ॥७४॥
दातव्यं हि यथा मात्रा चिसप्तकदिनावधि ।
क्लिन्नात्पर्य्युषिताच्चैव दुर्जरादामिषाशनात् ॥७४॥
नानाविधा हि क्रमयो दृश्यन्ते तेषु योजयेत् ।
द्विभागेन विडङ्गानि कस्तूरीं चैकभागतः ॥७५॥
मेलयित्वा पाययेत युक्त्या तद्रोगशान्तये ।
भक्षादक्षायिनां गात्रे लिचा यूकाः पतन्ति च ॥७६॥
तेषां नाशाय मागध्याश्चूर्णेनोद्धूलनं हितम् ।
विल्वमूलत्वचश्चापि पिष्टा गोमूत्रवारिणा ॥७७॥
तल्लेपादेव नश्यन्ति यूका लिख्या न संशयः ॥७८॥

इत्यगदैरुदितैरुपचारैः
संविहितैः सुहितैश्च यथावत् ।
रोगविमुक्ततया परिपुष्टान्
वीक्ष्य ततो विनयेन्मृगयायै ॥७९॥

इति श्रीरुद्रदेवविरचिते श्यैनिके शास्त्रे चिकित्साधिकार-
परिच्छेदः पञ्चमः ।

---

१ A क्षिमेषा च ।

षष्ठः परिच्छेदः ।

अथैवमगदाद्यैश्च पूर्व्वोक्तैर्वृंहणीयकैः ।
हृष्टान् पुष्टान् समालक्ष्य नूतनच्छदशोभितान् ॥१॥
नीलेन्द्रमणिसङ्काशपक्षतिभ्यां विराजितान् ।
मुक्ताजालैरिवोरस्थपत्रराजिभिरञ्चितान् ॥२॥
निर्म्मुक्तोरगसङ्काशान् पट्टपाशोपयोजितान् ।
ग्रीविकारत्नपदिकामञ्जरीपिञ्जरीकृतान् ॥३॥
किङ्किणीरावमुखरान् कृत्वा तु सुदिने पुनः ।
पूर्व्वोक्तविधिना रक्तान् विधायाकारयेत् पुनः ॥४॥
पूर्व्वसंस्कारबोधाय रज्जुयन्त्रितपक्षिषु ।
परिपातं शिक्षयीत पक्षरक्षाविशारदः ॥५॥
ये श्येना नीड़निलया लब्धाः प्राग्बन्धपोषिताः ।
ताननभ्यस्तसंस्कारान् पतत्रिपरिपातने ॥६॥
बहुधा शिक्षयेत् प्राज्ञः पाटवक्रमवर्द्धनैः ।
सुशिष्या इव ते श्येनाः शिक्षां गच्छन्ति सत्वरम् ॥७॥
सम्यक् सुशिक्षितानान्तु श्येनानां महतामिव ।
नाकार्य्यं विद्यते किञ्चित् नासाध्यं योग्यवस्तुषु ॥८॥
सञ्चारयेयुस्तान् हस्तैर्युवानो मृष्टकुण्डलाः ।
सुवेशाश्चारुवसनाः शिक्षिता बहुधाश्रमम् ॥९॥
शिक्षावैशद्यमालक्ष्य तदैषां स्वयमीश्वरः ।
द्रष्टुं विनोदं निर्गच्छेत् आखेटोदितवासरे ॥१०॥

यामिन्याः प्रथमादेव यामादुदयशालिभिः।
प्रातरेव शरन्मेघैर्यायाद्रुद्धे दिवाकरे ॥११॥
दूरसञ्चारितानेकसेनो रुद्धान्यसञ्चरः।
स्वयं विरलविख्यातवीराप्तप्रायसंवृतः ॥१२॥
कविकारञ्जुविन्यस्तसमस्तगतिपाटवैः।
मुरजध्वानविन्यासचरणन्यासशालिभिः ॥१३॥
वाह्यमानः स्वयं स्वश्वैः श्येनवाहैश्च संयुतः।
प्रच्छाये भूधरेन्द्राणां यथाकालमतन्द्रितः ॥१४॥
अथवा यामशेषे तु वासरे मृगयामियात्।
शरत्काले पृष्ठतोऽर्कं कृत्वा दूरे तु नो स्थितम् ॥१५॥
उपत्यकायां मृगयां यद्युपेयात्तदाभितः।
प्रचारयेत् पदातींश्च गिरिद्रोण्यन्तरादिषु ॥१६॥
तत्रस्थास्ते च पश्येरन् पक्षिणामपि सर्व्वतः।
उड्डीयान्यत्र पतनं निलीयानन्तराः स्थलीः ॥१७॥
समायां भुवि विस्तारो मार्गणे सादिनां भवेत्।
विषमायान्तु पत्तीनां गिरिकूटे शुनां पुनः ॥१८॥
मध्ये श्येनधरो नेता पार्श्वयोर्द्वौ च सैनिकौ।
एकविंशत्यश्ववारैर्मण्डलं परिकीर्त्तितम् ॥१९॥
नेत्रदत्तेक्षणः सर्व्वा व्याममात्रावकाशतः।
पार्श्वयोः समभागेन मण्डलस्थश्चरेज्जनः ॥२०॥
आपूर्व्वादिश्वरीमाशामधिमोक्तुमथार्हति।
श्यैनिको येन नो लघ्वस्तोद्वेगो भवेद्वयोः ॥२१॥

श्येना यस्याथ बहवस्तथैव हय-सादिनः ।
सञ्चारयेत् स परितो मण्डलानि पृथक् पृथक् ॥२२॥
ईदृशमण्डलमध्यस्थः सैनिको हि विनान्यथा ।
मोक्तुं नार्हति नेदिष्ठे लक्ष्येऽप्यस्खलितस्थितिः ॥२३॥
मण्डले बहरी त्वेका कुह्यप्येका चिवाजिका ।
वाषाद्याः[1] पञ्चषाः शस्ताः क्रमो मोके पुरोदितः ॥२४॥
क्रोशार्द्धाद्धारयेत् स्त्रीयान् मण्डलान्मण्डलं पृथक् ।
यथा भवेन्न कुह्यादेर्वासादेर्मिश्रणाद्भयम् ॥२५॥
वन्यानान्तु शशादीनां त्रासनाय पुरैव हि ।
विक्रोशास्त्रासयः कार्य्या धार्य्या वा शक्तयोऽभितः ॥२६॥
बहवः पत्त्रिणो धार्य्या विनीतैः कालवेदिभिः ।
श्यैनिकस्य प्रभवतः परितः परिचारकैः ॥२७॥
मार्गणे मन्दसञ्चारो मण्डलस्य सदेष्यते ।
निपातानन्तरान्वेषे सुतरां मन्द इष्यते ॥२८॥
सादिनामग्रगा ये च वेत्रिणस्तेऽपि धूतिकाः ।
टोनादीन् मुष्टिमोकेन क्षिपेरन् वर्त्तिकादिषु ॥२९॥
शैघ्र्यादलक्ष्यगतयस्तेऽपि तिर्य्यङ्निपातिषु ।
चीचीकुचीरवोन्नेयग्रहणाद्रसपुष्टिदा ॥३०॥
तद्रसाक्षिप्तहृदयस्तानेव यदि चेश्वरः ।
प्रक्रीडयेत्तदा तज्ज्ञैर्भाव्यं वेत्रिभिरादरात् ॥३१॥
वेत्रप्रहारानभितः कुर्व्वद्भिर्मन्दचारिणः ।

---

१ C वासास्तु ।

उत्थापयेयुर्लावादीन् ढौकयेयुश्च तद्गतीः ॥३२॥
यत्रैकवारं पतितः पक्षी कुर्य्यान्नचोत्प्लुतिम् ।
सरज्जुना श्वुना तत्र मार्गयित्वा विसर्ज्जयेत् ॥३३॥
सावधानेन देवेन भाव्यमुत्पतते ह्यसौ ।
इत्यादि मधुरालापैर्बोधयेयुस्तथेश्वरम् ॥३४॥
कुह्या मोकः सारसेऽथ क्रौञ्चे रौद्ररसावहः ।
सपक्षयोः पर्व्वतयोरिव यत्रानुधावनम् ॥३५॥
निपत्य नखराक्षेपक्रूरक्रेङ्कारकूजितम् ।
परावृत्त्योग्रचञ्च्वा च प्रहारो रौद्रसङ्करः ॥३६॥
अतिदूरगतानान्तु कङ्कदात्यूहपक्षिणाम् ।
लक्ष्ये मोको वहर्य्या हि जनयत्यद्भुतं रसम् ॥३७॥
यत्र वेगानिलस्वानभीषिताः खात्पतन्ति च ।
छिन्नपक्षनगाकाराः खगास्तस्मात् किमद्भुतम् ॥३८॥
हारिणं शिशुमादाय[1] मांस्तान्यङ्गानि भक्षयन् ।
अनिवार्य्यो हि वीभत्सं चरखो जनयत्यलम् ॥३९॥
टोनादीनां पक्षवेगात् निलीनाः केचुकादयः[2] ।
निद्रुमाः कुञ्जमध्ये दर्शयन्ति भयानकम् ॥४०॥
अतिलीनो भरद्वाजः पुनरुच्चावचं बहु ।
प्रलपन्नँल्लच्यतामेष्यन् स्वैरं हासरसायते ॥४१॥
भयार्त्तेषु प्रलीनेषु वाचा लक्ष्येषु तेष्वथ ।
गुलिकास्त्रप्रयोगो हि कर्त्तव्यः कौतुकार्थिना ॥४२॥

१ B शिशुकं गृह्य । २ B केचुका० ।

दूराल्लक्ष्येषु निपतन् स्थाने ग्रहणमाचरन्।
परासुकरणे दक्षो वाजी वीररसायते ॥४३॥

ऊर्द्धाक्रान्तिः समाक्रान्तिर्नीचाक्रान्तिरिति त्रिधा।
वरजग्रहणे प्रोक्ता वाजानां रसभूमयः ॥४४॥
छायाकारं निलीयाधो लक्ष्ये तथोर्द्धगे।
उत्प्लुत्य शरवत्पातमूर्द्धाक्रान्तौ रसावहा ॥४५॥
सममेवानुसरणात् लक्ष्यालक्ष्येण वा पुनः।
दण्डवत् पतनं लक्ष्ये समाक्रान्तिः समा मता ॥४६॥
नीचानुसारिणि भयादुपरिष्टाच्च वज्रवत्।
संरम्भात् पतनं लक्ष्ये नीचाक्रान्तिः सुदुष्करा ॥४७॥
एवं लक्ष्यानुसरणात् बहुशः परिधावनात्।
अतिविस्रम्भणात् वाजा गताः श्रैष्ठ्यं पतत्त्रिषु ॥४८॥
उत्प्लुत्योत्प्लुत्य पतनैः परिग्टह्यावपातनैः।
मल्ला इव विदग्धानां हरन्ति प्रसभं मनः ॥४९॥

द्वन्द्वसञ्चारिणामेकनिग्रहेऽन्यस्य कूजितम्।
यत्राभितस्तत्र रसः करुणस्तरुणायते ॥५०॥

शृङ्गारः पुष्कलस्तत्र दृश्यते नायके द्विधा।
लक्ष्यप्राप्तौ भोगरूपस्तदप्राप्तौ तथेतरः ॥५१॥
यथावकाशरोमाञ्चहर्षाश्रुस्तम्भगद्गदैः।
चिन्ताप्रलापवैवर्ण्यभावैः सत्त्वं व्यनक्ति च ॥५२॥
स्त्रीसम्भोगादपि रसो मृगव्यायां विशिष्यते।
येन चक्रत्कुरङ्गाक्ष्याः पतिं सा वशयत्यलम् ॥५३॥

कण्ठलग्नां प्रियां हित्वा हैमनीषु निशास्वपि ।
नाभिसारं नराः कुर्य्युर्यदि नेष्टा च सा भवेत् ॥५४॥
अथ वामादिमोकोऽपि श्रितापश्रितकादिभिः ।
रभसा विहिताश्लेषः शृङ्गारमनुसज्जति ॥५५॥
तनूरुहाणि ग्रहणे खात्पतन्ति पतत्रिणाम् ।
जनयन्ति प्रसन्नेन्द्रमुक्तपुष्पोत्करभ्रमम् ॥५६॥
ये विमुक्ता निजे लक्ष्ये दूरे दूरे स्खलन्ति न ।
ते साधुवादपात्राणि शिकारा नेतरे पुनः ॥५७॥
शीघ्रता प्रतिसन्धानं शिकाराणां द्विशस्त्रिशः ।
ग्रहणे तित्तिरादीनां तत् केन प्रतिदिश्यताम् ॥५८॥
जालपादेष्वपि तथा सरसीषु सरःसु च ।
पूर्व्वचारैरनुगतः कुह्वादीन् परिमोचयेत् ॥५९॥
तत्र सम्भूय मोचोऽपि विश्रम्भं ये गता मिथः ।
तेषां प्रशस्यते दिक्षु कवीनां विस्रवाय तु ॥६०॥
दुन्दुभ्यास्ताडनं कार्य्यं वारित्यागाय पक्षिणाम् ।
यथा सुखेन गृह्णीयुः श्येनाः स्वस्थानविच्युतान् ॥६१॥
ये नाट्यबन्धकुशलैर्विततप्रपञ्चैः
सन्दर्शिताः किल रसाः समयं विभज्य ।
एकत्र ते समकमेव रसा अनूना
दृश्यन्त एव कृतिभिर्मृगयाविहारे ॥६२॥

इति श्रीरुद्रदेवविरचिते श्यैनिके शास्त्रे श्येनपातेति-
कर्त्तव्यता परिच्छेदः षष्ठः ।

सप्तमः परिच्छेदः ।

एवं विहृत्य परितः श्रान्तो विश्राममर्हति ।
प्रच्छाये कमलामोदमेदुरानिलवीजिते ॥१॥
परावृत्य ततः सर्व्वे येऽन्ये मण्डलचारिणः ।
तेषां प्रधानपुरुषा नायकोपार्ज्जितञ्च यत् ॥२॥
आखेटे तदुपानीय श्येनादीनां च चेष्टितम् ।
निवेदयेयुरखिलं विनोदाय प्रभोः पुरः ॥३॥
तद्द्वारा श्यैनिकानाञ्च तत्तन्मण्डलचारिणाम् ।
सत्कारादि प्रभुरपि कुर्य्यात् प्रोत्साहवृद्धये ॥४॥
शुक्तपीतान् सुखच्छाये बद्ध्वा श्येनान् तुरङ्गमान् ।
स्वयं विविक्ते सेवेत गात्रसंवाहनक्रियाम् ॥५॥
वल्गुवल्गितहंसानां शृण्वन् स्वनमनुत्तमम् ।
तन्वीगीतादि हृदयहारि चैव नयेत् क्षणम् ॥६॥
ततः स्नातोऽनुलिप्तश्च मुक्तालम्बनोज्ज्वलः ।
कृताह्निकः सुकुसुमैर्यथावत्समलङ्कृतः ॥७॥
शुचिर्हंसोदरश्चिनीपानकेन हृतक्लमः ।
धतस्तु प्रसन्नात्मा भिषग्भिरनुमोदितः ॥८॥
गरुत्मतोर्म्मिकायुक्तो याङ्गुलीविन्विषम्वृतः ।
दत्ताऽस्वेभ्यो वयोभ्यश्च परीक्षार्थं पुरैव हि ॥९॥
तज्ज्ञैरुपाहृतान् भक्ष्यान् साधुशूल्यामिषाणि च ।
कुन्दप्रभाणि भक्तानि भक्षयेदनुयायिभिः ॥१०॥

ताम्बूलाद्युपयुज्याथ शान्ततेजसि भास्वति ।
स्वावासाय समागच्छेत् कथाः कुर्व्वन् पृथग्विधाः ॥११॥

कुह्यामुपकथं क्रौञ्चो धूत्या लावोऽतिगर्व्ववान् ।
नैकधा वाजिना सोऽयं तृणवर्हिर्यथा हतः ॥१२॥
शिकारेणामुना ब्रूमः कथं तित्तिरिनिग्रहः ।
श्येनिकेनामुना मोकः सोल्लासस्फूर्ज्जितस्ततः ॥१३॥
तथाधमेनामुना तु तिर्य्यक् चिप्तो न चोत्थितः ।
एतस्य पक्षौ न तथा विरोधमुपपद्यते ॥१४॥
इत्याद्यालापयन् वार्त्ताः तत्तत्कर्म्मणि + + + ।
+ + + + + + + ॥१५॥
+ + + + + + + ।
+ + + + + + + ॥१६॥
+ + + + + + + ।
+ + + + + + + ॥१७॥
+ + + + + + + ।
हित्वा पर्व्वाणि मांसञ्च कार्त्तिके कौमुदन्तु वा ॥१८॥
शान्तिपद + + + + प्रहर्षिणा ।
कौमुदे तु विशेषेण + + + ॥१९॥
नराधिपः + + + + ।
+ + + + + + ॥२०॥
वर्ज्जयेत् सर्व्वमांसानि धर्म्माख्यञ्च विधीयते ।
मांसन्तु + + + + सर्व्वराजभिः ॥२ ॥

सर्व्वभूतात्मभूतैस्तैः + + परावरैः।

नाभागेनाम्बरीषेण रामेण च महात्मना ॥२२॥

ऐलेन पृथुना चैव वीरसेनेन चैव हि।

हर्य्यश्वेन च राजेन्द्र भूपेन भरतेन च ॥२३॥

एतैश्चान्यैश्च राजेन्द्र पुरा मांसं न भक्षितम्।

शारदे कौमुदपक्षे ततस्ते स्वर्गमाप्नुवन् ॥२४॥

ब्रह्मलोके च तिष्ठन्ति कल्पमानाः स्त्रिया वृताः।

यथा तत्रैव विहिता मृगयान्यत्र कौमुदात् ॥२५॥

अनिषिद्धात् त्वन्यदा सा तत्रैव परिवर्जयेत्।

प्रजानां हितकामेन ह्यगस्त्येन महात्मना ॥२६॥

आरण्याः सर्व्वदै[व]त्याः प्रोक्षिताः तामसा मृगाः ॥२७॥

युक्त्या शरदि सेवेत यथाच्छन्दं हिमागमे।

वसन्ते तु प्रकर्षेण बलारोग्यमभीप्सुभिः ॥२८॥

धनुर्व्वेदाभ्यासः समविधिरनूनस्य लघुता

गतेर्गात्रोत्साहः तुरगविहृतौ चातिपटुता।

तथा नीतेर्योगे रसपरिचयश्चाप्यनुपमो

मृगव्यायां चात्रो गुणसमुदयोऽभ्यस्यत इव ॥२९॥

इति श्रीरुद्रदेवविरचिते श्यैनिके शास्त्रे मृगयानन्तरेति-
कर्त्तव्यता परिच्छेदः सप्तमः।

THE ART OF HAWKING.

CHAPTER I.

I bow to the spirit of Garuḍa, who for the good of the three worlds, is a great friend of Viṣṇu in his wars and a rival of Indra.

2. Is not love experienced by those who are ignorant of the science of Erotics ? Still the sages have written on the science for its thorough realization.

3. In the same manner, though the delights of hunting are well known even to men of no intelligence, still hunting affords peculiar delight to the mind of one who knows the science of hawking.

4. Therefore, to heighten that delight, I feel the necessity of writing the science of hunting sometimes in detail and sometimes in brief.

5. Who can fully enumerate all the sports which the Creator of the Universe has designed for the entertainment of the human mind, and for the enjoyment of the fruits of their previous works ?

6. Among these, eighteen things are mentioned which are known as *vyasana* (addictions or vices), and without these the senses are useless, and these eighteen are the real causes of exquisite delight.

7. If practised in proper season and within proper bounds, they contribute largely to the delight of all persons, especially of kings.

8. The writers of the Śāstras always deprecate these *vyasanas*, and stories are current of the fall of those who were addicted to them.

9. If women, with languishing eyes beaming with love, are to be altogether avoided, the birth of a son, who delivers his father from the hell named Put, becomes impossible.

10. If hunting is to be altogether prohibited, how can meat, skin, horn and other articles prescribed for sacrifices be obtained ?

11. Similarly, by sleeping in the day time, the corporeal body, which is the means for attaining the three great objects of life, is preserved from such diseases as indigestion, and so on.

12. The conclusion, therefore, is that addiction to these vices is to be avoided by all means, because the Lord has said that addiction to these leads to bondage.

13. The avoidance of all sorts of activities leads only to the liberation of the soul. But the performance of the duties prescribed for one's own caste, leads to the attainment of the three other objects of life.

14. That sort of avoidance, however, should be practised with respect to speech and the actions of the body and the mind, which leads to Brahma beyond the reach of speech.

15. If one's merit is so great that one can aim at the attainment of the highest object of desire, one should give up all activities and practise complete renouncement.

16. It is known from the Śāstras that even the enjoyment of the fruits of action causes annihilation of the fruits of activity, as in the case of the wise Saubhari, who enjoyed the objects of his senses for the release from bondage.

17. Moreover, charming couplets are often heard chanted by the Manes for the welfare of Ruci, who was for renouncing the world :—

18. "O darling, man's *karma* accumulated in previous existences, that is, his merits and demerits, wears away

day and night by his 'enjoyments,' that is, his experiences of the joys and sorrows of life.

19. "Therefore you, who know what *dharma* is, will attain peace when your *karma* wears away."

The words of the Lord to Arjuna were also to this effect :—

20. "Therefore go on with your work, for activity is better than inactivity. If you are wanting in activity, you will hardly be able to secure wherewith to keep your body and soul together."

21. In other Śāstras, too, many precepts of wise men are heard which stimulate activity in those who conduct themselves properly in this world.

22. Even a householder, who honestly earns his livelihood, and strives after the knowledge of truth, and honours his guests, and offers oblations to the Manes, and tells the truth, attains liberation.

23. From these and other Vedic precepts, it appears desirable to enjoy the present fruits of previous actions, the enjoyment being, however, without too much attachment.

24 It is known from the Śāstras that King Janaka, who was devoted to the interests of his subjects, attained liberation while enjoying the pleasures of life, and this was so, from his non-attachment to them.

25. There is another way, charming in itself, for the attainment of the highest bliss. Heaven is easily attained by the performance of duties prescribed for one's caste.

26. So one should devote himself to *karma* leading to heaven, to fame, and to longevity. The conclusion of the Vedas is summed up in these words, "Continually doing work, etc."

27. Prosperity is attained by meritorious deeds, and it is desired for the enjoyment of the objects of the senses; that enjoyment again is connected somehow or other with the eighteen kinds of 'vices'.

28. Pure and unmixed enjoyment, unconnected with any of these, is nowhere to be found. The enjoyment of wearing good garlands, anointing with sandal-paste and eating choice food is said to be connected with them.

29. Therefore, the spring season, the rainy season, the moon-rise, sandal-paste and so on, are sources of delight to those only who enjoy the company of their beloved, but are sources of annoyance to those who are separated from their sweethearts.

30. Those who have thoroughly realized the meaning of the Śāstras declare, according to the Āgamas, that wealth is the fruit of the tree of virtue. A good man employs it in charity and in self-enjoyment, and the perfect development of these two is a beautiful result.

Here ends the First Chapter of the Book on Hawking, composed by Rudra Deva, the Rājā of Kūrmácala or Kumāon, entitled "The Importance of Karma."

CHAPTER II.

1. It has been said that there are eighteen addictions, such as rudeness of speech and so on. Their names and their good and bad aspects will now be enumerated.

2, 3. Their names are :—

(1) Rudeness of speech,
(2) Severity of punishment,
(3) Envy,
(4) Disparagement,
(5) Rashness,
(6) Abuse of money,
(7) Fault-finding (the last two through anger),
(8) Anger,
(9) Women,

(10) Gambling.
(11) Wine,
(12) Vocal music,
(13) Dancing,
(14) Instrumental music,
(15) Strolling,
(16) Back-biting,
(17) Sleeping in the day,
(18) Hunting.

These are the outcome of the desire for earthly enjoyments.

4. (1) Rudeness of speech means indecent and abusive utterances. It is good when inflicting punishment and dispensing justice.

5. (2) Severity of punishment means hard sentences on those who do not deserve them. It becomes tolerable in critical times for the sake of prestige. It should not otherwise be resorted to.

6. (3) Envy means intolerance of others' prosperity. It is praiseworthy when it incites to action against rivals or enemies, because inspired by envy, people try to destroy them.

7. (4) Disparagement means be-littling the merits of others and attributing demerits to them. It becomes enjoyable in a party when uttered by jesters and others.

8. In dramas, novels and other compositions it is extensively used, sometimes pithily and sometimes in a verbose and round-about way.

9. (5) Rashness includes any deed in which there is a risk of life. In dangers and difficulties it leads to glory, but on other occasions, it is ridiculous.

10. (6) Abuse of money is (*a*) want of discrimination in accepting and making gifts; (*b*) refusal of legitimate gifts; (*c*) making gifts to undeserving persons; (*d*) ruinous

charity, and (*e*) resumption of charities. This should be practised with caution by trusted emissaries in an enemy's country.

11. (7) Fault-finding is defined as divulgence of other people's faults. This should be carefully heard from spies; and then the course of action determined after deliberation within oneself, and the needful done by trusted emissaries.

12. (8) Anger means crookedness and cruelty in meting out punishment. It should be resorted to in cases of persistent evil-doers and not of others.

13. (9) Wise men speak of that wife as a wife who has auspicious marks and who knows the fine arts, who is clever, who is loved by her husband, and who is young and modest.

14. She is the chief instrument in attaining the three objects of life, and she is *the* distinguishing feature of domestic life. She looks after the children and the utensils and other articles of the household, and she charms the mind.

15. In ancient times, in reply to a question put by Agastya, the god Kumāra said that where the husband and wife are devoted to each other, there the three objects of life flourish.

16. Wealth is obtained by virtue; from wealth emanate desires, and the fulfilment of all desires can be obtained by means of a good wife alone and of nobody else. Therefore, a loving wife is the best fruit of the tree of virtue.

17. Therefore one should by all means try to keep her in good humour by giving up wilfulness in matters relating to carnality.

18. The love which a devoted husband and wife bear to each other is known to themselves alone and cannot be expressed to others. Love is in reality physical touching.

19. In the compositions of Guṇāḍhya, Vyāsa and

Vālmīki, each of which may be compared to a sea full of pearls, this matter has been expatiated upon, both in the case of union and in the case of separation.

20. (10) Gambling is laying a wager in playing with animate or inanimate objects. If well managed it leads to the increase of wealth and desires.

21. (11) Wine is that drinking by which people get intoxicated. It is often highly recommended by physicians in incurable distempers.

22. (12) Vocal music consists of songs by charming voices sung with time and tune in harmony accompanied by dances. Experts only appreciate it.

23. Sung on proper occasions it leads to the attainment of the four objects of life. It is patent to all how it leads to the attainment of wealth and desires.

24. Bharata, Yājñavalkya, Nārada and others speak of the attainment of virtue and liberation, by vocal music. If an expert songster fails to attain the highest bliss by his songs, he at least becomes a follower of Rudra and enjoys delight in his company.

25. (13) Dancing is of two kinds—the wild, called *Tāṇḍava*, and the theatrical, called *Lāsya*. It is accompanied with *chārī* or amorous gait and *laya* or keeping time.

26. (14) In works on music, instrumental music is said to be of four kinds, such as *tata* or stringed instruments, and so forth. The object of dancing and instrumental music is the same as that of vocal music.

27. (15) Roaming in cities and gardens without any definite object is called strolling. It is praiseworthy as it mitigates ennui

28. (16) Back-biting is evident. It tends to trickery.

29. (17) Sleep by day in all seasons of the year requires no explanation. It is beneficial to children and to persons suffering from dysentery or any wasting disease or from indigestion.

30. These are the seventeen 'addictions,' and hunting is the eighteenth. Their good and bad aspects have thus been described by Bhīṣma to Yudhiṣṭhira :—

31. "O, most liberal in charity, you should give up all sorts of 'addictions,' not that you should not practise them at all, but you should not be given up to them."

32. Thus, after due deliberation of their usefulness or otherwise, each on its own respective merits, they are to be practised within proper bounds for the delight of the world, but too much addiction to them must be avoided.

Here ends the Second Chapter "On the Desirability or otherwise of "*Vyasanas*" in the Book of Hawking, by Rudra Deva.

CHAPTER III.

Now will be given a brief but complete account of *Mṛgayā* or hunting. Though one art, it has infinite varieties, eight of which only are going to be described here.

2. The killing of any animal by whatever means, either for the sake of its flesh or for mere pleasure, is called *Mṛgayā* or hunting.

3. The killing of animals leads to a series of sins. Sacrificial animals are said to be fourteen in number. Some are domestic, others wild.

4. The slaughter of these animals, if not sprinkled over with water for sacrificial purposes, is a sin. On this subject Dvaipāyana uttered the following ślokas in ancient times :—

5. In the interlocution between Pāṇḍu and Kindama on the topic of the slaughter of animals—

"The operations of kings for killing animals are said to be the same as those for killing enemies.

6. '*O, mṛga!* do not, through ignorance, blame me.' The slaughter of animals may be made with or without stratagem.

7. The sage Agastya, while engaged in a sacrifice, practised hunting in a thick forest, sprinkling with water wild animals and making them sacred to all the gods.

8. Because Agastya sprinkled with water all the beasts of the forest, therefore hunting is no slaughter. In sacrifices, the sprinkling with water of domestic animals, according to prescribed rules, is praiseworthy.

9. Because Agastya sprinkled them with water, the slaughter of wild animals is also praiseworthy. There are reliable records about kings engaging in hunting.

10. If you say it is meaningless to hold that there is pleasure in hunting where on the contrary there is a good deal of fatigue owing to hard exercise and physical pain, my answer is :—

11. Just as forcible kissing and embracing an easily offended girl involves indeed some pain and trouble, but is not without its delight.

12. Just as again in the warfare of love, the scratches by the nails and biting by the teeth is an injury, yet, it leads to pleasure and not to pain, so is the case with hunting.

13. Thus the definition of hunting given above stands. Now will be given an account of its eight subdivisions.

14. Just as a damsel is, like the body of Śiva, capable of exciting the eight emotions in her eight different aspects, so hunting has eight aspects :—

15, 16. (1 Hunting on horseback, (2) by means of snares and nets, (3) by artifice, (4) by the motion of standing corn, (5) by lying in wait, (6) by a close inspection of footprints, (7) by means of dogs, and (8) by means of hawks. These will be treated one by one. Their definitions and the procedure are given below.

17. (1) Hunting on horseback leads to intense delight. In this kind, running animals are killed with arrows and with the help of horses.

18. The ground should be without mud and without stones, without trees, and without pits, the appropriate time being from the middle of the cold season to the middle of *Jyaiṣṭha*.

19, 20, 21. The practice of hunting on horseback reduces fat, lightens the body, enhances strength and ambition, hardens the muscles, kindles appetite, produces a capacity for enduring hunger, thirst, heat, cold, fatigue, and keeping awake at night, generates a skill in aiming at moving objects, increases energy, and produces a faculty of knowing the movements and minds of animals. These and many such excellences are acquired by it for one's own benefit.

22, 23. It leads to the acquisition of religious merit, by killing ferocious animals such as wolves and tigers, by the protection of standing crop, by the slaughter of stags and other animals, by an inspection of the forest, which serves so many useful purposes, by frightening the thieves, and by conciliating forest tribes.

24, 25. It leads to the acquisition of wealth by the capture of wild elephants and rhinoceros, by collecting horns and hides, musk and precious stones, feathers and such like things. By the eating of the wholesome meat of wild boars and buffaloes bagged in hunting, sexual desire and capacity are increased, which leads to the enjoyment of women by the increase of strength.

26, 27, 28. The very life and soul of sexual enjoyment are pride, the self-importance, and pleasure. Therefore for one fatigued with hunting are prescribed, the plaster of sandal paste and other things, the shampooing by the leaf-like soft hands of women, syrups, the five elixirs of life, and fanning with palm-leaves. The sentiment of self-importance makes the enjoyment of women all the more pleasant after hunting.

29, 30, 31, 32. In the matter of the intensity of pleasure no distinction is found between hunting and the enjoyment of women. The *Śāstrakāras*, however, have shown this minute difference, that in the enjoyment of women pleasure grows less with repetition (which apparently is not the case with hunting). Their causes and effects are equal in respect to the keenness of enjoyment, afforded both in union and in separation (in the case of hunting, in success and in failure). Of these, in respect to women much has been said in dramas and in rhetoric, and also in works on Erotics. Therefore it will not be treated of here. But something should be said in brief about hunting, for the diffusion of its knowledge.

33, 34, 35. The capture of birds from afar by means of hawks, and the sudden hitting by the arrows of bowmen, of moving and stationary objects, produce intense joy, which finds expression in tears, in the hair standing on the end, and in the choking of the voice. If unsuccessful the disappointment is great and it leads to needless apprehension of evil recollections of the past, a change of complexion and lamentation. These and other things happen therefore equally both in hunting and in the love of women. Therefore hunting, too, is desirable for the attainment of the three objects of life.

36, 37, 38. In an open space, with followers spread down-wind and acting in concert, the hunting of animals proves an easy success.

Five or six horsemen are quite enough for hunting rhinoceros. The horses should be quiet and well-trained in their motion. A horseman should strike the rhinoceros with small darts in quick succession on the back.

39, 40. If it turns back, then the horseman relying on the dexterity of his horse should at once run in its front;

others should hit it from behind or skilled archers should pierce it with arrows on the sides.

41. With fleet horses, expert bowmen hit an infuriated lion, sometimes in an open field and sometimes from ambushes, and kill it like a cat.

42, 43. (2) That is called hunting by snares in which animals are killed by tricking, and in which men capture fish, conches, otters, and oysters. Infinite are the means resorted to in this sort of hunting. It is used by low people, by the *Niṣādas* and others.

44. But it is useful in the capturing of elephants, etc. Therefore kings should also have recourse to it as it is exceedingly profitable.

45. Practising stratagems in this is not at all to be blamed. For it has the sanction of Vālmīki, who described the killing of Bālī by such stratagem in battle :—

46. " Men capture many animals by means of various kinds of nets, traps, and nooses, or by keeping themselves concealed in a hidden place. Experts in the art of hunting also pierce with arrows animals coming towards them."

47. When, on account of their training, deer capture deer, and birds capture birds, that is also included under this head (*Sajālā*).

48. (3) Hunting by stratagem is that in which success is attained by many, some standing in front, some behind, acting in concert, although standing apart. This is of four kinds :—

49. (*a*) *Bahukarṇikā* is that in which deer are hunted by the hurling of a trident or a similar weapon by two or three persons standing to the windward and shouting at the top of their voices.

50. (*b*) *Mūlalagnikā* is that in which animals are deceived and killed by many people standing under cover of trees and gradually coming close to each other behind them.

51, 52. (c) *Mahākālyā* is that in which a large number of men encircle a forest and then coming in closer circles ultimately stop the flight of animals of various kinds and kill them by swords and other weapons indiscriminately in all possible ways. This can be 'played' by kings and noblemen only.

53. (d) *Gajakālyā* is that in which elephants are captured by horsemen, by cornering them in shallow pools, half dried in summer.

54. Hunters engaged in all these four kinds of hunting by stratagem should be experts with bows and arrows and in deceit. Otherwise it is mere waste of energy and dangerous to their followers.

55, 56, 57. (4) Hunting by watching the motion of standing crops is that in which animals are killed by the indication of the motion of wheat and other standing crops in which they hide themselves. In Sanskrit it is named *Yāvaśī.* This is 'played' by two or three horsemen who are expert archers. It is successful, if the advance is slow and the motion of standing crops carefully observed. It doesn't produce much fatigue, but it produces great excitement.

58, 59. (5) Hunting by lying in wait is that in which a bowman singly or jointly with others awaits the approach of animals and then pierces them with poisoned darts. It succeeds where there are trees of the *Beleric myrobalan*, in corn fields, and in places for drinking water. An easy success in killing lions and other ferocious animals is achieved by placing the carcass of a cow in a suitable position.

60. (6) Hunting by the observation of footprints is that in which animals are tracked by their footprints and killed. It is of two kinds :—

61. (a) Hunting by the observation of the footprints of dogs is that in which dogs are employed to search the prey; and after much trouble it is killed in its den.

62. (b) *Pūrvasabdita* or that in which the bowman himself searches out the prey with care and with various devices and then kills it, either sleeping or when it has just risen from sleep.

63. These two kinds of hunting succeed greatly in sandy deserts or in marshy lands in the rainy season and in others with the greatest trouble.

64. (7) Hunting by packs of dogs is that in which dogs are let loose at hares and other animals in arid tracts.

65. In this success or otherwise depends upon the jumping of the hares and their falling into the dogs' mouths. By their jumps and rebounds they produce abundance of laughter.

66. The hares scream loudly and the dogs pursue them; and in a short time there is a great fight tooth and nail. This produces a feeling of the terrible.

67. From an open space experts in unfastening ties, let loose their dogs on the prey twice or thrice and success follows.

68. The sudden and skilful throwing of arrows is rather praiseworthy in this sort of hunting and nowhere else. For the arrows hit the prey without hitting the dogs that are upon it.

69. Clubs properly so-called, too, should be thrown on hares and other animals, thus this kind of hunting is a source of intense delight.

70. This has a subdivision named *Rajvāmoka*, which is employed in capturing antelopes and deer, and in which the string (*lasso?*) is cast with skill.

71. (8) *Syenapātā* or hawking is that kind of intensely delightful hunting in which hawks cast in two different ways by experts, fall upon various kinds of birds.

72. Why hawking is hunting? Is it following the bent of the birds' inclination or that of others? If you

say it is according to the inclination of the wild birds themselves, in that case the term *mṛgayā* or hunting would be meaningless.

73. If you say the term is applicable, as the hare-hawk captures animals, then why not apply it in the case of lions and others catching their prey?

74. Hunting is described as a repeated search after animals for various objects. This is not found in inferior animals.

75. Because they kill for meat alone, enough only to fill their own belly; they have no other purpose in killing.

76. The object of hunting is not meat alone, but from it one acquires pearls, skins, and musks.

77. Even elephants are captured; animals therefore are sought for, for a variety of purposes, and so it is called hunting.

78. Therefore the casting of hawks by men is to be described here. Hence this eighth kind—hawking—is included in hunting.

79. It has evidently eight divisions and many subdivisions. They do not all afford one and the same kind of pleasure. But different kinds of delight are produced by different methods.

Here ends the Third Chapter entitled "Description of Hunting" in the work on the Art of Hunting composed by Rudra Deva.

CHAPTER IV.

1. This sort of hunting is to be practised in various ways, namely, by inspiring the hawks with confidence, by observing their characteristics and by practising the different ways of throwing or casting them.

2, 3. The casting is of two kinds—*Hastamoka* and *Muṣṭimoka*. *Hastamoka* is that in which the jesses of the hawk are held by the fingers and the hawk is cast at the quarry. This is the only method in the case of Kuhīs, (Shāhīn), and one of the best in the case of the *Bāśā* (Sparrow-hawk).

4. In *Muṣṭimoka* a hawk is thrown by grasping it in the palm of the hand, the hawk's feathers being protected by a piece of cloth, taking care that the hawk's flight is not impeded by the cloth.

5. These two kinds of casting are to be practised according to the distance of the quarry. The casting should be 'clean,' quick and easy, so that the attack may be a surprise.

6, 7. Now we will treat of how to inspire the hawks with confidence. An expert will close the eyes by sewing (*i.e.*, seeling) them so that the hawk may not see his face for five days, nor should it hear the trainer's voice during this period.

8, 9, 10. Then every night, in the dim light of lamps, the eyes should be opened, and washed with cool and fair water. The hawk should be gradually inspired with confidence and made to hear the falconer's voice. Thus gradually by touching it with the hand, by rousing it with soft words, by giving it water and meat at regular intervals, by petting it, by protecting it from heat and cold, and by degrees opening the eyes, it should be tamed carefully.

11, 12, 13. Whether it is 'manned' or not is to be known by its actions. When it stands on one leg with the eyes closed, when it preens or 'reforms' its feathers, when it 'mantles' with its wings, or looks with a gentle eye at its master, then it is known to be 'manned,' otherwise not. When the hawk is seen to be manned it should be lured in a creance to a piece of meat from increasing distances.

14, 15. The distance is to be increased gradually, and the hawk should be lured twice or thrice. If on being lured, it does not hesitate, nor fly in a curve, and does not 'carry' its meat, then it should be lured without the creance. The next step is to cast it into a tree and then lure it.

16. At this time, in order to recall to its mind its wild habits, it should be allowed to prey upon pigeons and *kalaviṅkas*.

17. Those who cannot be tamed in this way should be carefully subjugated to the will of their master, by much 'watching,' by continually stroking them with the hand, and by drawing them nearer and nearer.

18. There are different ways of taming them according to the species to which they belong. Therefore an enumeration of the species is given below.

19. There are two distinctly separate divisions, namely, 'black-eyed' and 'yellow-eyed.' The subdivisions of these are many.

20, 21. The names of the various species of the two principal divisions are:—(1) *Kūhī*,[1] (2) *Śaśāda*,[2] (3) *Caraka*,[3] (4) *Vaharī*,[4] (5) *Lagaru*,[5] (6) *Pakṣakalikā*,[6] and (7) *Turumutī*.[7] The tiercels also have the same divisions. This completes the species of the 'black-eyed.'

22. This class can be tamed by much 'watching.' It eats flesh and drinks water. If it bites the falconer's hand, stones are to be presented to it.

---

1 *Kūhī*, the Shahin falcon.

2 *Śaśāda*, apparently the 'hare-hawk.' Later this is said to be identical with *Vāja* which is obviously *Vāz* the (female) goshawk.

3 *Carakh*, *Caragh*, etc. The Suker falcon.

4 *Vahrī*, the Peregrine.

5 *Lagara*, the Lugger Falcon.

6 *Pakṣakalikā*, *lit.*, with short wings, not identified.

7 *Turumutī* is the name given to both the common Merlin and the Red-headed Merlin. The author seemingly restricts the term to the former.

23. Their feigned or apparent confidence can easily be acquired, but to gain their real confidence is difficult, therefore great care should be taken in their training.

24. In calling the hawk, either its wings should be tied or it should be covered with cloth.[1] When it comes it should be rewarded by food, so that it may not be disappointed.

25. Troublesome birds are to be subdued to the will of the tamer by harsh reprimand, *corporeal punishment*,[2] and by small rewards.

26. If highly fed, they grow naughty; if starved, they do not grow attached or strong. Birds of this class are like low people.

27. Like servants they become serviceable if their expectations are raised, and if they are rewarded according to their deserts.

28. This class is quick to hear a distant call, to fall on distant prey and capture big quarry. The second class will now be treated of.

29. As *Patra*, *Vāja* and *Chada* are synonymous words, all birds have a common name *Vāja*.

30, 31. Just as, though Aśvathāmā, Karṇa, Bhīṣma, Pārtha and Rukmī could all draw the bow with their left hand, Pārtha alone was called 'the drawer of the bow with the left hand' for his pre-eminence, so, though all birds are *Vāja*[3] (winged), the hawks specially are called *Vāja*.

---

[1] Apparently the author means that in early training, when making the hawk jump to the fist, it should be confined in a sock or else have its flight-feathers tied as Indians tie the feathers of pigeons.

[2] Presumably 'rough treatment.' Some falconers treat unruly *charaghs* with great severity.

[3] *Vāja* seems to be derived from *Vāja* 'a wing' and not from *bāz* a goshawk.

32. *Vāja*, *Vāsa*, *Vesara*, *Sicāna*, *Jūra*, *Ceṭa*, *Dhūti*,[1] and *Ṭunā*,[2] as well as their males, form the second class.

33. Of the two classes, the females are more important in respect of their make, courage, value and their style of flying. *Vāja* and others being pre-eminent are spoken of in the masculine.

34, 35. The *Vājas* are of five kinds. Their descriptions are given separately.

The class called *Balākā* is slender in its make, with white and black feathers (?) on the breast and on the thighs. It is easily tamed.

That which is shaped like *cakravāka* or the Brahminy duck is called the *cakrāṅga*.

36. *Kālaka* is that class which is long and black like the *kaṅka* or water-hen. It is very difficult to tame, and once tamed it becomes wild again.

37. That which is snow-white all over the body is *Haṁsavāja*. Blessed is the house where it is treated with respect.

38. It should be carefully tended. It should not be ordinarily used in hunting. Its very touch cures many fevers, specially the quartan.

39, 40. *Mahārāvaṇa*, the king of *Vājas*, is that in whose tail and feathers are to be found marks like the *Aśvatha* or *pīpal* leaf. Only one who has heaped up much religious merit becomes the possessor of such a pleasure-giving bird. It is called *Mahārāvaṇa* because it makes other birds cry in fear on its approach.

41. There are four kinds of *Vāsa*, namely, *Auraṅganā*, *Dhāvanā*, *Pratiṣṭhānā* and *Śikārā*.

---

1 Dhūti or Dhoti is a name given to both the female of the Indian Hobby and to the male of the Besra, sparrow-hawk.

2 Ṭunā not identified. For the names of the different kinds of hawks, see Phillott's Vocab. Tech. Fal. Terms.

42. *Auraṅganās* are of various kinds, varying in colours and in their courage and strength.

43. The *Dhāvanās* are spare in body and delicate in make, but are swift in flight. The *Pratiṣṭhānās* are thickly feathered and inferior in speed and courage.

44. They are not subject to disease and are compact of muscle. They come from the country abounding in hawks. In their colour they are whitish, blackish and reddish.

45. The *Śikārā* is docile, swift, fierce and courageous. The beauty of its make anoints the eyes of the spectator, as it were with drops of nectar.

46. It is only by great religious merit that trained and expert *Śikārās* are obtained. They should not be annoyed with long watching and hard work: they should be treated gently.

47. For the delight of the mind, these should be employed when they are in high condition. The *Vesārās* are of three kinds. Their names are given below.

48. The stout kind is the worst; it is named *Māṇika*. The medium class is called *Cūlikāṅka*. The best class is like the *Vāsā* both in the thickness of its plumage and in its courage.

49. The *Sicānās* are of various kinds, both in make and behaviour. As they are found in various countries, their characteristics vary with their native country.

50. The males of all the classes are known by certain signs. These are of various kinds but for brevity's sake are not mentioned here.

51. Of these birds, if the head is like the hood of a snake, and if the neck is long, the wings wide and the chest broad, it is the best of its kind.

52, 53. The following are the good points common to all these birds, namely, the 'stalke' should be short, round, thick and strong, the feet should have long fingers, well-set in their joints and with fierce nails. Their whole make should be like the *Svastika* mark (+).

54. *Vāsā* becomes admired, if its voice is pleasing. The *Vājā* is good, if it is silent. *Kuhī* is good, if its throat and the 'ends of its ears' are silvery.

55. Hawks, like good ministers of state, can bring about desired effects, if they are kept contented by proper treatment, and are given good nourishment.

56. As an expert in the art of government, and nobody else, knows the uncommon intelligence of the king, so does a bird understand the intelligence and expertness of its tamer.

57, 61. To restore peace to a conquered country, to deliberate on conquering others, to bring the wicked under subjugation by diplomacy, to protect the loyal, to encourage those who have done great deeds by fulfilling their aspirations, to please and protect the people and to test their loyalty or otherwise by keen observation, to take into, and inspire them with confidence or to distrust them, as the case may be, to know their mind by the movement of their eyes and their actions, to possess the knowledge of what is practicable and of the means to achieve it, to discern what is easily attainable and what is not, to employ proper persons for proper works and dissuade them from doing what is improper, and such other qualities, which have been highly spoken of in politics [are considered also essential in the art of hawking].

61. The emotions which are developed in dramas and other compositions are also to be found by sages in hawking in their proper time and place.

62. Let those to whom hunting is an agreeable entertainment, study the art of hawking, composed in brief, and with arguments easy to be understood by all classes of men, high or low, because its practice affords a deep and varied delight.

Here ends the Fourth Chapter in the Art of Hawking entitled. "The Sub-divisions of Hawks."

CHAPTER V.

1. Now will be described the quantity of their food, the way of tending them at different seasons, their diseases and their cure.

2. Twenty-five *ṭaṅkas* of fresh flesh is quite enough for a *Kuhī*, *Caraka*, *Vāja*, and *Vaharī*. The *Śaśādas* should not be given less, for they are incapable of fasting.

3. This statement refers to the species without any reference to their work. For the males, the quantity should be less by five *ṭaṅkas*.

4, 5. The *Pakṣakākalikā* should have still less by five. *Vāsas* should have two less than the above; but pure *Vesaras* should have two less even than that. The same for *Cūlāṅkas*.

6. The quantity for *Sicānas* should be determined according to their strength.

7. The *Turumutīs* should have nine *ṭaṅkas*. *Ceṭā*, *Ṭonā* and *Dhūtikā* should have the same quantity less by one, two, and three respectively, but they should be fed twice.

8, 9. As an unpaid servant, engaged on board, ought to be given a sufficient quantity of food and that at the expected time, the expiry of which tires out his patience, so the feeding-time of these birds should never be exceeded, nor should there be any variation in the quantity of their food, either of which things will produce bad results.

10, 16. This quantity is prescribed for birds engaged in hawking. But when they moult, in the beginning of *Jyaiṣṭha*, the quantity should be different. In summer, when the air is heated by the terrible rays of the meridian sun, the bare trees cannot afford shelter; stormy winds surcharged with dust blow on all sides; when the river water flows, boiling as it were, the earth's surface becomes hardly touchable on account of the heated dust; when the animals in this plight forget their natural animosity against each other, lose all their energy, and seem to be under the influence of fever: when birds cry out piteously, then the season, like the forest fire, becomes intolerable to these birds [*i.e.*, hawks], who are accustomed to the valleys of the Himalayas, on which fine slabs of stone lie scattered, cleanly washed by the waterfalls and overgrown with young shoots of emerald-green grass, and where the breezes blow fragrant with the exudation of the pine-trees. Therefore cooling processes should be now resorted to.

17, 18. Hawks should be kept tied in a quiet place on the top of a lofty building, beautifully whitewashed and cooled with sprays of water by means of machines; fans should be moved gently and at intervals, by men placed at a distance; and the place should be kept free from flies by means of netted windows.

19—21. Or they should be kept on a platform in a garden, well-guarded by porters and cooled with the water from artificial streams shaded with tall trees standing close to each other, where the fierce rays of the sun cannot penetrate. Or they should be kept in an underground room free from mosquitos, perfumed by *khaskhas* emitting a sweet odour, when sprinkled with water, and round the room green barley should be planted to give it a pleasant aspect.

22, 23. If they are to be kept in a cellar, it should be spacious, well-ventilated, sweet-smelling and pleasant to live in. Many should not be kept in one place. They should be kept in groups of two or three.

24, 25, 26. Cool water should be given to them now

and again; they should be given the flesh of *Kalaviṅka* and of *Vāja*[1] not kept for a long time, and such other light and tasteful food as they can digest. By degrees the quantities should be increased for their health. Pans full of water should be kept before them for bathing. If they cast their gorge, then the medicine is, powdered *methi* (Trigonella fœnugræcum) with buffalo-butter.

27, 28. If they cannot properly digest their food, then fresh meat is to be given, steeped in wine and camphor-water. For the cure of indigestion, powdered marking-nut is to be administered, or the same mixed with the juice of hemp, after which a little warm water is to be given.

29—31. Care should be taken that they are not annoyed. Judicious care is always productive of the desired effect. If they become thin, they should be given meat mixed with either goat's milk[2] or cow-butter; or to sharpen appetite the meat may be mixed either with cloves or with human urine. In this way their appetite should be increased, and they should be kept in health by gradually increasing the quantity of their food, and by cooling processes.

32—35. In the rainy season when the clouds thunder, when the sky is lighted up with the flash of lightning, when the fragrance of the *Malatī* flower delights all creatures, when the frogs croak and the peacocks dance wildly, when the breeze surcharged with the fragrance of the *Kadamba* flowers blows in every direction, when the river-water becomes dirty with the washings by the rain, when the crickets fill the whole space with their noise, these birds should be tended in such a way that regaining their vigour they may cast off their old feathers and assume new ones just as snakes assume a new slough.

---

[1] *Vaja*, an obvious error in the text.

[2] From the Commentary it is possible that this means human milk.

36—52. If there is any delay in casting off feathers, some think that the flesh of a lizard hastens the casting of feathers. The *Mleccha* nations administer a black substance within the meat of cows and buffaloes, but this is not proper owing to the repulsive nature of the thing and from the fact that it lessens the hawk's swiftness. If parasites eat off the feathers, the remedy is equal quantities of *viḍaṅga*, marking nut, and musk; or, in the case of fat birds two *ratis* of rock-salt with meat for three days, but for lean birds only half a *rati* of rock-salt. To those who are well-versed in the art of hawking, well-trained birds give great delight. Now, to the misfortune of men, diseases prevail among the birds for spoiling men's enjoyment; therefore these diseases are enumerated and their respective remedies prescribed. Four diseases relate to the irregularity of breath. The common name of these diseases is *Śākhā*, one of which is caused by some sort of hurt or shock to the lungs, another by the morbid condition of the phlegm, the third by that of the bile, the fourth by a general waste of the system. The last named is called *Śoṣitā* and is very difficult to cure. Birds suffering from *Śākhā* should be kept in a dark, lonely place, and given small quantities of meat and water. If the disease is caused by hurt, meat is to be given with gum-myrrh, even though there is pain in the limbs. The body is to be besmeared with turmeric and it should be sprinkled over with stale[1] water. If the disease is the effect of the morbid condition of the phlegm, powdered pepper is to be first administered as a snuff, and then meat mixed with the powdered bark of *Morunga guilandina*, is to be given. The drink should be warm water; musk may also be given to cure its symptoms. If it is produced by the derangement of the bile, a pill made of camphor, cloves,

1 Stale water probably means water kept in a porous earthen vessel and not 'well-warm' water.

khaskhas root, sandal paste, and flesh, is to be given discriminately before a meal, and after that, quail's flesh in small quantities: water should be given. If the disease is caused by a general wasting of the system, it is said to be difficult to cure. Still some medicine is suggested. For, if the run of life is not already at its end, curative processes well-applied may become efficacious. The proper thing to do is to administer the meat of *Kalaviṅka* steeped in human blood, or the fresh meat of a hen sparrow; or, the flesh of hogs may also be given in small quantities according to the strength of the bird; or, the flesh of birds mixed with cow-butter. Warm-water is to be given with discretion, and, after that, water mixed with camphor, from time to time.

53—58. The cure of all sorts of *S̄ākhā* is said to be *mimāyī*. For big birds with black eyes, three *ratis* is the dose, for slender birds half the quantity; for big birds with red eyes, the dose is two *ratis*, and for slender ones only one *rati*. The patients are to be given meat mixed with goat's milk and the juice of hemp. Their eyes are to be anointed every day with cumin seeds chewed with the teeth. The treatment should be continued for three successive weeks. For twenty-one days the patients are to be given meat and the powder of long pepper, turmeric, gum-myrrh, *mimāyī*, *pāṭalā* and *svarji*, passed through a piece of cloth and mixed with goat's milk. For the first seven days all birds suffering from *S̄ākhā* should be given meat and the powder of the bark of the root of *Morunga guilandina* mixed up with the milk of *Calotropis gigantea*.

59, 60, 61, 62. If a white spot forms on the eyes, owing to heat, smoke or some kind of hurt, then the eyes are to be filled with the fine powder of the root of *Oxalis monadelpha*. A hawk gets rid of this disease in eighteen days. Or a pill made of the following drugs in equal quantities, soaked in goat's urine and dried in the shade, may be given: turmeric, leaves of *nīm*, pepper, yellow myrobalan, long pepper, *Cyperus rotundus*, and *viḍaṅga*. It should be administered with honey and goat's milk in the case of the red kind of birds. This pill destroys the spot, as if the pill had been made by Rudra.

63—66. Inflammation is produced in the face or in the eyes owing to irregularity in food or drink, or to bile; when the swelling suppurates the case becomes hard to deal with. If the disease is caused by the excess of phlegm, it becomes difficult to cure. In the former case (if produced by bile), the powder of the bark of the moon plant mixed with sessamum oil is to be given with meat; this may also be plastered over the affected part. If it is the effect of the distemper of the phlegm, two muscles are to be pierced with a heated iron needle. In the case of suppuration of the mouth, meat mixed with human urine is the best cure. The mouth may also be washed with human urine.

67—71. *Gardabhī* is the name of inflammation of the legs accompanied by boils, caused by tight tying [in a 'sock'], fear, or frequent flight. If long neglected, the same disease is called *Cāndi*. To cure *Gardabhī* the legs should be plastered over daily for seven days, with the exudation of the common fig tree and of *Fiscus religiosa*: or, it can be cured by plastering them over with black salt. Even *Cāndi* is likely to be cured by the use, for twelve days, of a plaster over it, made of turmeric and rock salt mixed with butter, after a leech has been applied. The leech is to be applied on the affected part, which should then be covered with a bandage, which should be renewed every third day.

72—76. If a hawk is found to be losing strength and colour owing to any hurt, the following medicine is to be applied with care. Two kinds of turmeric, blue vitriol, *Siphonanthus Indica*, *Vangueria spinosa*, exudation of

Catotrophis gigantea—these are to be mixed up in equal quantities and should be administered with meat for three weeks, the dose being varied according to circumstances. From eating putrified, stale and indigestible meat, various sorts of worms are often found to grow in the stomach of hawks. For their destruction, two parts of *viḍaṅga* and one part of musk are to be mixed and administered with care and discretion.

77, 78. If a hawk does not bathe through fear, and lice with their eggs thrive in its body, to radically destroy them, a powder of long pepper should be scattered over, or the bark of the root of *Bel* pounded with cow's urine should be plastered over its body. There is no doubt that this destroys lice with their eggs.

79. By the proper administration of these efficacious medicines the hawks become healthy and strong. Thus, being freed from diseases, they are trained for the purpose of hunting.

Here is the end of the Fifth Chapter on "The Treatment of Diseases," in the Art of Hawking composed by Rudra Deva.

CHAPTER VI.

1—8. Finding the birds healthy and well-developed by the use of the tonic medicines mentioned above, and when they look beautiful with their fresh-grown feathers and handsome with their wings which shine like sapphire, when they look charming with feathers on their breast looking like pearls, when they look like snakes which have just cast off their old sloughs, when with their feet fastened with silken jesses they assume variegated colours from the rays of the jewels in their golden necklaces,[1] and

1 Halsband ?

their leg rings resound with small bells, and when they become attached to their tamer by the process spoken of previously, their owner should then call them on an auspicious day. An expert tamer of these birds should teach them how to fall upon a quarry, fastened by a string, and thus revive their old instincts. Those hawks, which have been taken from the nests, should be first tamed by being kept tied after their capture, and as they are unpractised in hunting, they should be taught in a variety of ways by an expert trainer of birds, by gradually increasing their skill and cleverness. Hawks like good students are apt to receive readily any training. Well-trained hawks are like great men capable of great achievements. There is nothing impracticable for them, nor is there anything worth attempting which they cannot perform.

9—30. Young men wearing polished ear-rings, nicely dressed in good clothes, well versed in the art of hawking, should carry the hawks in their hands every day in different ways. When they are found to be well-trained, the king himself should come out on a day auspicious for hunting to see the sport. The arrangements should be made thus: From the very first watch of the night until the morning clouds of autumn surround the sun, a large number of soldiers should be posted far and wide on all sides to guard against intrusion of other people, while the king himself, surrrounded by a few distinguished and faithful champions, should ride on a good horse of excellent gait and speed, with flowing bridles, and trotting in harmony with the music of drums; and, accompanied by a large number of hawkers, proceeds to a shady place in a mountain in proper time and with great watchfulness; or he should start, when one quarter of the day still remains, leaving the autumn sun behind him, but he should never proceed too far from his capital. If the sport is held in a valley, then foot soldiers are to be placed on all sides to guard the caves and passes. Remaining concealed in the immediate neighbourhood, they should see where the birds settle after their flight. In plains, horsemen should go, in undulated lands foot soldiers, and on the tops of hills, dogs should search for the game. At the middle of the party there should be the leading hawker, with two soldiers on each side. The circle should be made with twenty-one horsemen. All men in the circle, with their eyes fixed on the chief hawker, should remain at a distance of four cubits from each other, in two equal divisions on each side. The hawker should throw the hawk from the east towards the north-east, so that there may be no inconvenience in seeing the quarry. One who has many hawks and many horsemen should make many circles, separated from each other. The hawker who stands at the middle of the circle in which the king is, should not, without his order, throw the hawk, even though the quarry may be very near. This is a rule of propriety which should never be broken. In each circle there should be one *Vaharī*, one *Kuhī*, three *Vajās* and five or six *Vāsās*. The manner of throwing has been explained above. There should be a distance of one mile from one circle to another, otherwise there is fear of *Vāsās* getting mixed up with *Kuhīs*. For the purpose of frightening wild hares and other game, swords should be unsheathed and spears held up on all sides. On all sides of the chief hawker, trained servants, knowing the proper time, should hold many birds. At the time of the search, the circle should move slowly along, and after the fall of the bird still slower. Those who proceed in front of the horsemen, with canes in their hands, should throw, by *Muṣṭimoka*, *Dhūtis* and *Ṭonās* against quails and other quarry. Their motion, on account of their swiftness, cannot be perceived. They add to the enjoyment of the spectators by darting obliquely (?) on the quarry, which is discovered by the noise, *cīcīkucī*, they make when they are captured.

31—34. If the king, delighted with the pleasure of this, wants to have the sport alone, he should collect a large number of expert cane-holders. These, brandishing their canes on all sides, should make the *Lāvas*[1] and other slow-moving quarry rise, and bring them within range (of the hawk). If the bird once falling does not rise again, then it should be searched out by a dog, tied with a string, and should not be flown at again. They should also cheer up the king by crying out, "the king should look out, the bird is just rising," and such like encouraging words.

35—38. *Saras Cranes* and *Common Cranes* attached by a *Kuhī* excite a fierce emotion, for they are like winged mountains pursuing each other. Falling on the ground, they strike each other with their talons and make a fierce noise; then changing their position, they strike each other with their beaks in a terrible fight. When a *Vaharī* is thrown at a stork or a heron from a great distance, it produces a feeling of wonder. What can be more wonderful than the fall of the quarry from the sky like a mountain with clipped wings and frightened by the sound of swift motion?

39. *Caraka*, when it seizes a young gazelle and eats its limbs and entrails, produces irresistibly a loathing.

40. *Kecuka* and other birds, afraid of the swiftness of the wings of *Ṭonā* and others, hiding themselves motionless in bushes, produce the emotion of fear.

41—44. The *Bharadvaja*, when pursued by hawks, carefully hiding itself and crying piteously, sometimes in a low and sometimes in a loud voice, excites a feeling of laughter, because they hide themselves through fear but yet can be traced by their cry. The sportsman, seeking amusement, should shoot pellets at them. The *Vāj*,

---

[1] A species of quail.

falling from a great height on the quarry and catching it in the right place, by its cleverness in killing its quarry, affords an instance of *Vīra Rasa* (the emotion of heroism).

Attacks are of three kinds, upwards, horizontal and downwards. All three attacks are very enjoyable when the *Vājas* attack the *Varajas*.

45—47. Hiding itself like a shadow below the quarry when it is flying above, and then suddenly flying up and striking it like an arrow, is called the upward attack. Horizontal attack means pursuing the quarry in sight or out of sight, in the same plane, and striking it like a club. When, through fear, the quarry is flying below, falling down upon it like the thunderbolt, suddenly from above, is called the downward attack. It is a hard feat.

48—54. Thus in the matter of pursuing the quarry and hovering over it in a variety of ways and in inspiring confidence, the *Vājas* are superior to other birds. They charm the minds of connoisseurs, like wrestlers clasping and throwing, and getting up and falling down. When two birds fly together and one is killed, the survivor mourns pitifully. This excites the emotion of sorrow. In the king, the lover's emotion is discernible in two conditions, that of enjoyment when the quarry is caught, and that of separation when it escapes. At times the hairs stand on end, extreme delight is felt, tears of joy flow, amazement overcomes, the voice gets choked, anxiety, incoherent talk, change of colour and other symptoms of *Sattva guṇa* (pure emotion) manifest themselves. The enjoyment of hunting is more exquisite than even the enjoyment of women. For, the pleasures of hunting fascinate and draw away even the husband of the woman whose eyes resemble those of the frightened stags. If the enjoyment were not so exquisite then why should men forsake their mistresses clinging to their neck, and go abroad in cold nights ?

55—61. The throwing of *Vāsas* on to birds resembles a sexual embrace, sometimes pushing and sometimes pulling. When the quarry is caught and in the struggle its feathers drop from the sky, the feathers look like a shower of flowers from the hands of the delighted Indra. The *Śikārās* which are thrown at their quarry from a great distance never fail, and deserve the highest praise. Who can describe the swiftness and the unfailing aim of the *Śikārās* when they take partridges and other birds by twos and threes? In tanks and lakes as previously described the *Kuhī* and other hawks are to be thrown on waterfowl. Those who know them from beforehand, only they should cast off the *Kuhī* and others. Those birds that have confidence in each other should be cast off together. This has such a charm that poets get bewildered. Drums are to be sounded to make the waterfowl leave the water, so that the hawks may take them out of their element.

62. The emotions which the dramatists have excited at different times and by elaborate processes, may be enjoyed in no less a degree at one and the same time by experts, in hunting excursions.

Here ends the Sixth Chapter of the Art of Hawking composed by Rudra Deva, entitled "What is to be done when out Hawking."

CHAPTER VII.

Thus after hawking the fatigued king should take rest in a shady place, fanned by soft breezes fragrant with the perfume of lotuses. His followers should then all rally, even those who formed the circle. The chief among them should present to the king all that they have bagged in hawking and speak about the achievements of the hawks, etc., for the amusement of their lord. The lord, too, should encourage them with congratulations. After seeing the hawks and horses eat and drink plentifully and causing them to be tied in a shady place, the lord should go to a lonely place and get his limbs shampooed, listening all the while to the charming voice of geese walking about. Then he should hear for a while vocal and instrumental music charming to the heart. After that he should take his bath and anoint his person with sandal, etc. Then, wearing bright apparel and a pearl necklace and garlands of flower, he should repeat his daily prayers. He should then refresh himself with a glass of *sherbet* of sugar as white as the belly of a goose. When hungry, he should take his food in consultation with his physicians and with an undisturbed mind. A fan made of feathers should be waved before him, and he should be accompanied with physicians familiar with poisons and their antidotes. The food should be first given to horses and birds for testing it. The food should be brought by experienced cooks and consist of roast meats and rice as white as the *Kunda* (jessamine) flower. He should eat along with his retinue. After chewing *pān* he should go back to his residence, conversing all the way on a variety of subjects, how the crane attacked the *Kuhī*, how the haughty quail made its onset on the *Dhūti*, how it was brought, like a blade of grass, on the ground and killed by the hawk, how the *Śikarā* troubled the partridge, how the throw of such and such a falconer was powerful and quick, how a stupid hawker threw the hawk obliquely and it could not rise, and how the bird of this man could not fall on the prey well. Conversing in this way they should proceed to their home.

Nābhāga, Ambarīṣa, Rāma, the high-souled, Aila, Prithu, Vīrasena, Haryāśva, Bharata, these and others never ate meat in the waxing moon of autumn, and so they went to heaven. They are residing in the region of Brahmā for a whole cycle of *Kalpa*, surrounded by women. With the exception of the period of waxing moon, hunting is allowable in autumn. It is not prohibited in other seasons. This has been shewn therein. Animals are the outcome of *Tamas* (ignorance), so the high-souled Agastya, for the good of men, consecrated the wild animals to all the gods, by sprinkling water over them. Hunting is to be practised, in autumn with discrimination, in winter at pleasure, and in spring with great energy, by those who are desirous of gaining health and strength. In hunting, all the fine qualities of a *Kṣatriya* are developed, namely, the practice of archery, conduct towards equals, agility of motion, energy of body, cleverness in the management of horses, and the knowledge of the incomparable delight when the policy succeeds.

Here ends the Seventh Chapter on "What is to be done after Hunting" in the Art of Hawking.